Dietmar Stiemerling

Oh, diese verrückte Sexualität

Über Komödien und Tragödien im Intimbereich

Willkommen!

Lieber Leser, bereite dich darauf vor, dass du nun ein Minenfeld betrittst, über Stolperdrähte hinweg musst und unverhofft und überall ein Schreckschuss losgehen kann. Es gibt kein Gebiet menschlicher Zweisamkeit, wo so viele Missverständnisse, Konflikte, verschwiegene Wünsche, Enttäuschungen und Gehemmtheiten zwischen den Geschlechtern existieren wie eben im Sex! Die menschliche Sexualität ist die einfachste und zugleich die schwirigste Sache der Welt. Sie betrifft jeden von uns; ja selbst denjenigen, der kein Interesse an ihr hat. Er muss sich nämlich fragen oder sich die Frage gefallen lassen, wie er ein so elementares menschliches Grundbedürfnis so einfach aus seinem Leben ausklammern kann? Ungeschoren kommt also keiner davon. Mich beschäftigen im vorliegenden Buch weder die sexuellen „Perversionen", noch die Abgründe sexueller „Verderbtheit", noch irgendwelche akrobatischen Sexualpraktiken, sondern der alltägliche Wahnsinn im Durchschnittsbereich der Sexualität: Wie er sich in den Schlafzimmern deutscher Bundesbürger abspielt und hier diverse Probleme, Ungereimtheiten, Konflikte und Paradoxien gebiert.

Am Ende meiner Ausführungen erfährt der Leser, wie ihm geholfen werden kann, bzw. wie er eine versöhnlichere Sicht auf seine eigenen Schwierigkeiten bekommt.

Inhaltsverzeichnis

1. Was Sie in diesem Buch erwartet 4
2. Sexualität und die Frage nach ihrer Antriebsquelle ... 10
3. Das weibliche Begehren 21
4. Illusionäre oder zu hohe sexuelle Begehrlichkeiten ... 26
5. Falsche Überzeugungen in Bezug auf Sexualität 30
6. Intrapsychische Konflikte 39
7. Interpersonelle sexuelle Konflikte 62
8. Sexuelle Interessenkonflikte 72
9. Sexuelle Störungen 82
10. Was fördert und was schwächt die sexuelle Leidenschaft innerhalb einer Paarbeziehung 95
11. Der verweigerte Sex 101
12. Sexuelle Untreue 109
13. Wie oft tun's die Nachbarn? 115
14. Die sexuelle Glücksbilanz (sexuelle Zufriedenheit – Unzufriedenheit) 121
15. Sexuelle Identitäten 125
16. Sexualität und die Lüge 134
17. Schlussbemerkung 149

1
Was Sie in diesem Buch erwartet

Lieber Leser,

bereite dich darauf vor, dass du nun ein Minenfeld betrittst, über Stolperdrähte hinweg musst und unverhofft und überall ein Schreckschuss losgehen kann. Es gibt kein Gebiet menschlicher Zweisamkeit, wo so viele Missverständnisse, Konflikte, verschwiegene Wünsche, Enttäuschungen und Gehemmtheiten zwischen den Geschlechtern existieren wie eben im Sex! Die menschliche Sexualität ist die einfachste und zugleich die schwierigste Sache der Welt. Sie betrifft jeden von uns; ja selbst denjenigen, der kein Interesse an ihr hat. Er muss sich nämlich fragen oder sich die Frage gefallen lassen, wie er ein so elementares menschliches Grundbedürfnis so einfach aus seinem Leben ausklammern kann? Ungeschoren kommt also keiner davon.

Wenn ich jetzt das Kapitel Sexualität aufschlage und deren Verrücktheiten beschreibe, werde ich den einen oder anderen Leser enttäuschen müssen. Ich werde nicht in die Abgründe sexueller „Verderbtheit" eintauchen, nicht die sexuelle Verwahrlosung beschreiben oder die Menagerie der Perversionen, nicht abartige Sexualpraktiken: Sadomaso, Fetisch-Sex, Bondage, Gangbang, den Konsum von Ekelpornos, die sexuelle Vorliebe für Beinamputierte oder besonders Dicke, noch den Umstand, dass es Männer gibt, die in den Auspuff eines Lastwagens bei laufendem Motor onanieren. All diese Randphänomene betreffen eine kleine Minderheit. Die Masse der erwachsenen Menschen im westlichen Kulturkreis praktiziert Normalo-, das heißt genitalen Hetero-Sex und orale Sexualität. (Ich benutze den Begriff „normal" im Sinne von: die breite Masse betreffend; statistisch gesehen die überwiegende Mehrheit). Schon beim Anal-Sex zeichnet sich eine Trennlinie ab. Mich interessieren nicht die sexuellen Präferenzen des Einzelnen (hetero-, homo-, bisexuell) und auch nicht die jeweils favorisierten Sexual-Praktiken. Mich beschäftigt vielmehr der alltägliche Wahnsinn im Durchschnittsbereich der Sexualität. Also das, was sich in diesem Umkreis für Probleme, Ungereimtheiten, Konflikte und Paradoxien bei Müllers, Schulzes und Meyers abspielen.

In den Medien wird häufig ein verzerrtes Bild von der gegenwärtigen Sexualkultur gezeichnet, weil das Abartige gleichzeitig auch den höchsten sensationellen Reizwert besitzt. Die Presse und das Fernsehen benötigen das Drama und das schockierend Andere, um die Aufmerksamkeit des Publikums zu bekommen. Mit Alltäglichem macht man keine Quote.

Vorliegendes Buch beschäftigt sich demgegenüber aber gerade nicht mit den Kuriositäten der menschlichen Sexualität, sondern mit den sexuellen Kapriolen in den Schlafzimmern und Chefetagen der Bundesbürger. Bevor ich allerdings den Reigen eröffne und mein gesammeltes Material zu diesem Thema vor Ihnen ausbreite, möchte ich die gegenwärtige sexuelle Wirklichkeit aus der Sicht der Wissenschaft kurz beleuchten. Menschliches Erleben und Verhalten wird ja von vielen Wirkfaktoren geprägt: der Biologie, der ganz individuellen Sozialisation in einer einzigartigen Kinderstube, den sozialen gesellschaftlichen Normen und dem Zeitgeist der jeweiligen Kultur. Insofern ist es nützlich, einen Blick auf die Bedingungen und Einflussgrößen zu werfen, die jeden Menschen – jenseits seiner ganz speziellen eigenen Biografie – in seiner Entwicklung und Ausprägung mitbestimmen.

Der eigentliche Skandal der Schöpfung besteht nicht darin, dass wir Menschen aus dem Paradies vertrieben wurden, sondern in einer biologischen Kluft zwischen Mann und Frau: Warum in aller Welt hat der liebe Gott die männliche Spezies mit einer (im Durchschnitt gesehen) größeren sexuellen Triebstärke ausgestattet als die weibliche? Man stelle sich vor, hier gäbe es Symmetrie! Frauen wären dann genauso scharf wie Männer und würden immer nur an das Eine denken! Milliardenfache Konflikte und Streitereien in ehelichen Schlafzimmern - weil er will und sie nicht - fielen dann weg. Und eitle Wonne wäre auf beiden Seiten. Auch wenn es von Feministinnen immer wieder bestritten wurde: Männer sind triebgesteuerter als Frauen, „wesentlich stärker durch Sex motiviert als Frauen" (Eva Illouz 2012). Es fällt ihnen schwerer, auf Sexualität zu verzichten, wenn durch äußere Umstände bedingt die Partnerin nicht verfügbar ist.

Frauen bekommen Männer extrem leicht ins Bett, wenn sie ihnen pures sexuelles Interesse zeigen. „Ich möchte mit Ihnen schlafen", genügt, um einen wildfremden Mann zum Mitgehen zu motivieren (Clark-Hatfield-Studie). Versuchen Sie dasselbe mal umgekehrt. Durchgehende empörte Ablehnung oder gar eine Ohrfeige wären die Quittung dafür, im Ernstfall eine Anzeige wegen sexueller Belästigung. Bei einer flüchtigen sexuellen Affäre sind Männer sehr anspruchslos, was Aussehen, Körperbau und Alter der Partnerin anbelangt. Sie vögeln auch weit unter ihrem Niveau. Beim weiblichen Geschlecht verhält es sich umgekehrt: Wenn eine Frau Gelegenheiten hat, dann muss der Mann schon besondere Qualitäten aufweisen: ein Adonis oder rassiger Südländer sein oder wenigstens einen Waschbrettbauch besitzen, um für sie in Frage zu kommen (Clark-Hatfield-Studie). Die Initiative zu Sex geht in den meisten Fällen vom Mann aus. Männer können mit ihrer Ehefrau oder Lebenspartnerin Sex haben, auch wenn das Zusammenleben massiv gestört ist. Bei Frauen hängt die sexuelle Lust sehr stark von der Qualität ihrer Beziehung ab. Ist sie schlecht, vergeht ihnen der sexuelle Appetit. Männer sind beim Sex eher triebgesteuert, Frauen eher bindungsbezogen. Männer können Sex ohne Liebe machen, bei Frauen hat die Größe der Sympathie und das Vorhandensein von Zuneigung einen großen Stellenwert. In den Köpfen von Männern spielen auch sexuelle Phantasien eine bedeutsamere Rolle als das bei Frauen der Fall ist. Männer sexualisieren z.B. einen Blick, ein Lächeln, eine Sympathiekundgebung der Frau und sehen darin häufig ein sexuelles Angebot. Sie missverstehen weibliches Flirtverhalten sehr schnell als eine Aufforderung zum Sex. Frauen haben einen stärkeren Bindungswunsch als Männer. Sie streben emotionale Verbundenheit, Dauer und sexuelle Exklusivität an. Männer dagegen tendieren eher zur seriellen Sexualität (Eva Illouz 2012). Für Männer ist Sex Selbstzweck, d.h. hedonistischer Genuss und außerdem ein Mittel, ihren Status als Mann, ihre männliche Identität zu festigen: für Frauen u.a. ein Mittel, um ihre Bindung zu bekräftigen und zu stärken. Unter den Frauen (16 %) gibt es eine größere Anzahl von Kandidatinnen, die von Sex gar nichts halten, die sexuelle Wünsche und sexuelle Lustgefühle gar nicht kennen und auch nicht leben möchten. Für sie existiert dieser wichtige Lebensbereich als Befriedigungsquelle und Glücksbringer nicht. Den treuen Ehemännern an ihrer Seite gebührt unser aufrichtiges Mitleid.

Auf der anderen Seite finden wir eine kleine Gruppe von Frauen, die sexuell unersättlich ist und deren sexueller Kapazität kein Mann gewachsen ist. Wahrscheinlich rühren die Mythen über die männerverschlingenden, sündhaft-geilen und triebhaft-ungesteuerten Weibsbilder von dieser zahlenmäßig kleinen Schar her (Quelle: repräsentative Umfrage bei 1314 Bundesbürgern ab 14; Meinungsforschungsinstitut Marplan 2000).

Eines der traurigsten Kapitel im Verhältnis der Geschlechter beschreibt die Häufigkeit des Geschlechtsverkehrs und deren Veränderung innerhalb des Verlaufs einer Partnerschaft. Da haben wir sie wieder: die Lücke im System! Die Freude am Sex lässt nämlich nicht nur mit der Dauer einer Partnerschaft überraschend stark nach. Sie tut dies auch noch bei Männern und Frauen auf unterschiedlich schnelle Weise. Wir müssen uns wieder einmal schmerzlich eingestehen, dass der weibliche Bauplan unseren verwöhnten Erwartungen nicht entspricht und nicht so funktioniert, wie wir uns das wünschen. Wir Männer haben eben keinen natürlichen Anspruch auf die gleichmäßig fließende Glücksquelle Sexualität. Natur und Kultur scheren sich einen Dreck darum, was wir für unser verbrieftes Recht halten: nämlich, dass Leidenschaft und sexuelle Wonnen in Ewigkeit fortdauern.

Junge Paare sind sexuell sehr aktiv, doch bereits nach einem Jahr des Zusammenlebens sinkt die Koitus-Häufigkeit von 2, – 3 Mal pro Woche auf knapp zweimal, d.h. um 30%! (Gunter Schmidt Familiendynamik 1998). Auffallend und sehr betrüblich daher ist, dass ausschließlich bei den Frauen das sexuelle Verlangen im Laufe der Partnerschaft deutlich und kontinuierlich zurückgeht und zwar bereits nach dem vollendeten zweiten Jahr der Verbindung, während es bei den Männern sogar leicht zunimmt (ebenda). Nach drei Jahren ist die Balance des Begehrens endgültig gekippt. Da sind nur noch 23% der Männer und 27% der Frauen mit ihrem Sexualleben zufrieden. (Dietrich Klusmann: 2002).

Bei Paaren, die länger zusammenleben, macht sich die berühmt-berüchtigte Geschlechterkluft noch deutlicher bemerkbar: 76% der Männer, die sexuell begehren, stehen nur 26% an Frauen gegenüber, die ebenfalls Lust auf Sex haben. Oder vulgär ausgedrückt:

auf drei geile Männer kommt nur noch eine gleichgestimmte Frau. Und obendrein müssen von vier stattfindenden Geschlechtsakten drei von Männern initiiert werden (Klusmann, ebenda). Was diese prekäre Situation noch deutlich verschärft, ist die altersmäßige Asymmetrie des sexuellen Begehrens zwischen den Geschlechtern: Die männliche Triebstärke kulminiert im Alter von 16-25; die weibliche zwischen 28 und 38;!

„Mit nachlassender Fruchtbarkeit denken Frauen mehr an Sex, sie haben häufiger sexuelle Phantasien, die zudem heftiger sind, sie sind eher bereit zum Geschlechtsverkehr und berichten über häufigeren Geschlechtsverkehr als Frauen anderer Altersgruppen...." (Eva Illouz, 2012).

Davon unberührt wird von zeitkritischen Beobachtern der westlichen Demokratien sowohl bei Männern als auch bei Frauen eine Abnahme der sexuellen Lust festgelegt. Die Gründe dafür suchen und finden sie in den augenblicklichen kulturellen und wirtschaftlichen Rahmenbedingungen unserer Gesellschaft. Das Berufs- und Erwerbsleben der heutigen Menschen sei allgemein stressreicher und überfordernder geworden und lasse ihnen wenig Zeit, Energie und Entspannung für die Liebe. Es bestünde ein Überangebot an sexuellen Stimuli in Zeitschriften, Werbung, Film, Fernsehen und Internet. Dieser Overkill an erotischen Reizen zusammen mit dem Konsum von leichtverfügbarer Pornografie stumpfe ihre Konsumenten ab und lasse die Sexualität nicht mehr so überaus begehrlich erscheinen als früher. Auch der Wegfall sexueller Tabus und damit des Verbotenen trage zu dieser Abschwächung bei. An die Stelle des Verknappungsprinzips sei inzwischen das Überflussprinzip getreten. Die leichtere Verfügbarkeit von Sexualobjekten vermindere den Wert der Sexualität und damit das Streben, sinnliche Befriedigung zu suchen. Dieser verminderten Appetenz steht wiederum ein Gebot des Zeitgeistes gegenüber, das uns auffordert, munter, fröhlich und möglichst oft der körperlichen Lust zu frönen. Gute Gesundheit und seelisches Wohlbefinden werden heutzutage mit gutem und häufigem Sex in Verbindung gebracht. Es gehört zum guten Ton, Sex zu haben. Paradoxerweise schafft dieselbe Gesellschaft, die uns diesbezüglich unter normativen Druck setzt, Rahmenbedingungen, unter denen das Praktizieren von lustvoller Sinnlichkeit erschwert ist, weil sie ihren Mitgliedern viel von ihrer vitalen Energie und ihrer Zeit raubt.

Die Wichtigkeit von Beruf und Erfolg im Sinne der Selbstverwirklichung und des Karrierestrebens bringt es mit sich, dass heutzutage relativ häufig Liebe und Sexualität durch Arbeit ersetzt wird. An Stelle von Liebesanerkennung steht dann Anerkennung durch Leistung. Für nicht wenige ist dieser Lebensentwurf ein selbstgewählter Gegenspieler zur Sexualität, die dann auf der Strecke bleibt (Christine Weinbauer, 2012). Ein weiterer Widerspruch im Normengefüge unserer Gesellschaft!

Überhaupt ist heutzutage Vielfalt angesagt. Das sexuelle Verhalten unserer Zeitgenossen im 21. Jahrhundert umfasst eine breite Palette von Spielarten, sowohl was die Formen als auch die Frequenzen des sexuellen Vollzuges angeht. Wir finden da die unterschiedlichen Sex-Typen, wie etwa: eheliche Sexualität mit Treueverhalten, Fremdgehen, serielle Sexualität, feste Parallel-Lieben, Gelegenheitssex, one-night-Stands, „Abschleppen", Partnertausch, Sex in Single-Clubs, Sex bei Prostituierten, virtueller Sex im Internet bzw. mittels Pornografie. Auch die Häufigkeit des sexuellen Vollzugs variiert zwischen extremen Polen: Süchtigen Sexualverhalten auf der einen Seite stehen ein Leben ohne sexuelles Begehren oder bewusst praktizierte Keuschheit aus religiösen Gründen gegenüber.

Die Soziologin Eva Illouz hat in ihrem bahnbrechenden Werk *„Warum Liebe weh tut"*, eine neue Macht der Männer über die Frauen diagnostiziert. Für Männer sei die Sexualität „zur wichtigsten Arena geworden, in der sie ihren Männlichkeitsstatus ausüben können…" (S.194). Ermöglicht werde diese Situation durch die neuen kulturellen Ideale der Autonomie und sexuellen Freiheit. „In einem Umfeld deregulierter Sexualität verhilft Serialität (häufig wechselnder Geschlechtsverkehr)" der Männer „zu einem größeren strategischen Vorteil und zu mehr Macht im Bereich der Gefühle als die Ausschließlichkeitsstrategie", die von Frauen bevorzugt wird. Mit anderen Worten: Frauen möchten sich binden, um eine Familie und Kinder zu haben. Das Zeitfenster, in dem sie gebären können, ist relativ eng begrenzt. Die weibliche Biologie setzt sie unter Zeitdruck. Männer haben erstens dieses Problem nicht und halten sich zweitens bevorzugt in einem vorehelichen, d.h. bindungsfreien Modus auf, um noch lange mit vielen Frauen Sexualität haben zu können. Das schafft ein Ungleichgewicht zwischen den Geschlechtern und eine größere Abhängigkeit der Frau vom Mann.

Mit diesem kurzen Ausflug in die Soziologie menschlichen Verhaltens (gestützt auf die Ausführungen von Eva Illouz) möchte ich die allgemeinen Rahmenbedingungen des heutigen Liebeslebens verlassen und mich den individuellen Verrücktheiten einzelner Menschen zuwenden, die deren ganz persönliche Sexualität bestimmen, schwierig machen oder gar vereiteln.

Ich werde an anderer Stelle noch einmal ausführlicher auf die Themen: Häufigkeit von Sex, das sexuelle Begehren der Frau, die Kluft des Begehrens zwischen Mann und Frau, Sexualität und Zeitgeist zurückkommen.

2

Sexualität und die Frage nach ihrer Antriebsquelle

Mancher Leser wird an dieser Stelle stutzen. Die Frage nach dem Motiv hinter einem sexuellen Begehren oder einer sexuellen Aktivität wird ihm absurd erscheinen. „Na was schon!" wird er sagen. „Dahinter steckt Gier oder Lust auf Sex, der Drang nach Triebbefriedigung und die Absicht, sich schöne Gefühle zu verschaffen!"

Natürlich hat er mit dieser Feststellung recht. In der überwiegenden Zahl der sexuellen Begegnungen frönt der Mensch dem Lustprinzip, ist er der Diener eines Dranges, den uns die Natur zum Zwecke der Fortpflanzung in die Gene gelegt hat. Sexualität ist ein Trieb, der ausgelebt werden möchte. Bei manchen Männern ist er so stark und imperativ fordernd, dass sie auch vor Vergewaltigungen nicht zurückschrecken.

Schon Schiller wusste um den universalen Charakter der Sexualität als angeborenen Trieb und seine elementare Antriebskraft, wenn er schrieb:

*Solange nicht den Bau der Welt
Philosophie zusammenhält,
erhält sich das Getriebe,
durch Hunger und durch Liebe!*

Für Menschen, die gerade nicht die Absicht haben, Kinder zu zeugen, ist Sexualität also Selbstzweck. Sie wird um ihrer Selbstwillen praktiziert und genossen. Aber das ist nur die eine Seite der Medaille. Wenn wir nämlich genau hinschauen, bzw. Hunderte von Selbstaussagen über sexuelle Aktivitäten analysieren, bietet sich uns ein facettenreicheres, anderes Bild. Sexualität hat zwar bei Männern fast immer auch eine hormonelle sexuelle Komponente, aber das Motiv hinter einer sexuellen Handlung kann in eine ganz andere Richtung weisen. Bei Frauen existiert manchmal gar keine sexuelle Antriebsquelle, wenn sie Sex haben oder zulassen. Diese Beobachtungen müssen uns stutzig machen. Wenn sexuelle Befriedigung bei einem sexuellen Akt primär nicht intendiert wird, was ist es dann? Gelegentlich fallen sexuelle Lustgefühle zwar als Nebenprodukt beim Koitus ab, sind aber nicht der Zweck der Veranstaltung. Aber worin besteht dieser Zweck? Was für ein Motiv steckt dann dahinter? Die nicht-sexuellen Antriebsquellen hinter der gelebten Sexualität sind ein weites Feld. Ich werde ein ganzes Kapitel brauchen, um sie einigermaßen erschöpfend zu behandeln. Das simpelste Beispiel dafür, was ich meine, schon im Vorgriff:

Hinter der sexuellen Aktivität der Prostituierten steckt nicht Sex um seiner Selbstwillen. Sie wollen sich damit keine sexuellen Lustgefühle verschaffen, sondern Geld. Hier ist es nacktes Besitzstreben, was sie antreibt.

Die nun folgenden Ausführungen geschehen natürlich wieder mit der Absicht, dem Leser die Generalüberschrift meines Buches: „*Oh diese verrückte Sexualität!*" plastisch vor Augen zu führen.

Wir können fünf Gruppen zweckentfremdeter Sexualität unterscheiden:

- Sex im Dienste nicht-sexueller Strebungen und Bedürfnisse;
- Sex als strategisches Mittel;
- Sex als Medizin, d.h.: als seelisch stabilisierendes Element;

- Sex als Über-Ich-Norm;
- der sexuelle Zeitgeist als äußerer Impulsgeber
1) Sex im Dienste anderer Bedürfnisse
a) Lustvoller Genuss der eigenen Verführungsmacht

Bianca ist eine schöne, sehr temperamentvolle, vor allen Dingen aber selbstbewusste junge Frau, die Spaß am Sex hat. Sie genießt es aber im Besonderen, Männer zu verführen, ihnen ein erotisches Schlemmermahl anzubieten und deren überbordende Erregung bei einem ersten Stelldichein mitzuerleben. Sie hat häufig erfahren, dass ihre jeweiligen Liebhaber von ihrer körperlichen Anziehungskraft so beeindruckt sind, dass sie vor Überwältigung „zittern", wenn sie nackt und liebesbereit vor ihnen steht. In diesem Moment genießt Bianca in vollen Zügen ihre weibliche Verführungsmacht und fühlt sich diesem bedürftigen und bebenden Emotionsbündel Mann an ihrer Seite haushoch überlegen. Ihre zahlreichen Affären sind nicht der Ausdruck einer besonderen sexuellen Triebstärke, sondern dem Wunsch geschuldet, immer wieder dieses Wunder an Verzauberung herbeizuführen. Der narzisstische Gewinn aus dem Erleben der eigenen Wirkmächtigkeit ist enorm. Hier dient der Sex der Befriedigung eines ausgedehnten Geltungsstrebens.

   b) Sexuelle Aktivität kann der Anmeldung, bzw. der Festigung des eigenen Besitzanspruchs – in Bezug auf eine Partnerin – dienen.

In Ländern, in denen eine rigide Sexualmoral herrscht, ist Monogamie und Treue ein strenges Gebot. Man darf nur mit der eigenen Ehefrau Geschlechtsverkehr haben oder – im Umkehrschluss: „Indem ich mit dir schlafe, mache ich dich zu meinem Besitz, zu meiner Frau!" Eine häufig gezeigte Verhaltensweise betrogener Ehemänner besteht in einer postwendenden Quasi-Vergewaltigung der eigenen Frau, nachdem sie fremdgegangen ist. Motto: „Ich werde dir schon zeigen, wem du gehörst!"

   c) Sexuelle Aktivität als männlicher Potenzbeweis

Hier prahlt der Mann mit seinem Stehvermögen, seiner Manneskraft und der Häufigkeit, mit der er kann. Der Sex steht hier im Dienste narzisstischer Strebungen nach dem Motto: „Schaut her, was für ein toller Hecht ich bin!"

   d) Sexualität im Dienste oraler Bedürfnisse

Sex kann als eine Art Geschenk erlebt werden und der Befriedigung oraler Bedürfnisse dienen. So erlebt z.B. ein in der Kindheit stiefmütterlich, sehr karg und wenig wertschätzend behandelter Mann die sexuelle Bereitschaft einer Frau ihm gegenüber als wundersame, fast zu Tränen rührende Gabe. Er staunt, dass sie ihn für würdig erachtet, diese Belohnung empfangen zu dürfen. Hier schlägt nicht in erster Linie das sexuelle Lustgefühl, das sie ihm bereitet, zu Buche, sondern die erlebte Aufwertung als Mensch. Auch für Frauen kann Sexualität als etwas Orales empfunden werden. Der Samen des Mannes fungiert hier als Spende und der Koitus wird als „Fütterungsakt" verstanden, zumal die männliche Samenflüssigkeit als Cocktail vieler Enzyme und gesundheitsfördernder Stoffe beschrieben wird, ein Antidepressivum darstellt und „Frauen schön macht."

e) sexuelle Aktivität eröffnet die Möglichkeit, Nähe, Intimität und Geborgenheit zu erleben und kann regressive Wünsche befriedigen. Bei dieser Spielart des Koitierens geht es in erster Linie um Kuschelsex, engen Körperkontakt, Hautberührung und um Verschmelzungserlebnisse. Menschen mit starken symbiotischen Bedürfnissen oder der Unfähigkeit, im Gespräch oder zärtlichem Miteinander Intimität herzustellen, benutzen diesen Umweg. Im extremen Fall erleben Männer den Geschlechtsakt als „Rückkehr in den Mutterschoß". Die Befriedigung regressiver Wünsche erfolgt hier auf einer reifungsgeschichtlich frühen Entwicklungsstufe des Menschseins.

f) Machtstreben und/oder Aggression getarnt als Sex

Es wird in der Fachliteratur immer wieder beschrieben, dass ein kraftvoller sexueller Akt auch stets einen beherzten Zugriff des Mannes auf den Körper der Frau, also ein aggredi, erfordert. Sex ist nicht selten mit Handgreiflichkeiten verbunden und diese können sogar die Lust steigern. Hier soll allerdings die Rede von nichteinvernehmlichem Sex sein, der dem weiblichen Geschlecht aufgezwungen wird. Der Vergewaltiger will in erster Linie Angst und Hilflosigkeit im Auge seines Opfers sehen und sich selber bei der Vergewaltigung als der mächtige Täter fühlen, der einzig und allein den Gang der Handlung bestimmt. Häufig empfindet er feindselige Impulse gegenüber Frauen schlechthin und lebt sie im Akt der sexuellen Gewaltanwendung ebenfalls mit aus („Wutficken!").

Ein ähnlicher Mechanismus greift, wenn einfallende Eroberer oder marodierende Soldaten die Frauen eines besiegten Stammes oder Volkes vergewaltigen. Sie verschaffen sich damit nicht nur sexuelle Lustgefühle, sondern verstehen diesen Akt auch als tiefe Demütigung der Kriegsverlierer, sowohl der betroffenen Frauen als auch der dazugehörigen Männer. Anderen über Sex Schmerzen zuzufügen, demonstriert die eigene Macht und ist immer auch Aggressionsentladung.

g) Sex als ultimativer Liebesbeweis

Manche Menschen ersehnen sich von ihrem Partner so etwas wie: die bedingungslose große Liebe und Hingabe. Sie glauben in der Sexualität ein Medium gefunden zu haben, mit deren Hilfe dieser Beweis erbracht werden kann. „Wenn mir der Andere meine perversen Gelüste erfüllt oder mir jederzeit sexuell zur Verfügung steht oder sich mit der Rolle meines Sex-Sklavens bedingungslos einverstanden erklärt, ohne selber an all diesen Prozeduren eine Befriedigung zu haben - dann, ja dann beweist er mir damit seine ultimative große Liebe, und dass ich ihm enorm viel wert bin."

Masochistische Unterwerfung und völliger Gehorsam gegenüber den sexuellen Wünschen des Partners, egal, wie verrückt, ausgefallen oder ekelerregend sie auch sein mögen, stellen eine nicht mehr überbietbare Liebeserklärung an den Fordernden dar. Erst jetzt können sie das tiefe Misstrauen einer Person darüber beschwichtigen, ob sie selber liebenswert ist und ob sie um ihrer Selbstwillen: als Mensch und als sexuelles Wesen, geliebt und angenommen wird.

2) Sexualität als strategisches Mittel

Sexualität kann als Werkzeug eingesetzt werden, um sich damit eigene Wünsche erfüllen zu lassen oder um damit bestimmte Ziele zu erreichen. Sex dient hier als Zahlungsmittel. Mit seiner Hilfe kommt es zu einem Tauschgeschäft: „Ich gebe dir Sex und du gibst mir im Gegenzug das, was ich mir wünsche!" Es sind in der Regel aber fast immer die Frauen, die von dieser Möglichkeit Gebrauch machen und das von den Männern begehrte Gut (Sex) im Angebot haben. An dieser Stelle sind sie einmal die Wirkmächtigeren und Begünstigten. Männliche Sexualität ist kostenlos erhältlich, mit ihr kann man keinen Blumentopf gewinnen.

a) Tausche Sex gegen Geld oder materielle Güter

Quer durch die Menschheitsgeschichte, durch alle Zeiten und Völker zieht sich die Gepflogenheit, Frauengunst durch materielle Zuwendung und Geschenke aller Art zu erwerben. Hier hat auch die Prostitution ihre wirtschaftliche Basis.

b) Tausche Sex gegen Privilegien, Vorteile, Aufstiegsmöglichkeiten, gegen einen Job (z.B. Filmrolle), Hilfeleistungen, Unterstützung, Informationen etc. Hier geht es darum, dass eine liebenswillige Frau durch ihren Verehrer in den Genuss bestimmter Vergünstigungen kommt oder ihre Karriere durch die Betten einflussreicher Männer führt.

c) Das Bonobo-Prinzip: Sex als Beschwichtigungsmittel

Bonobo-Affen sind kleinwüchsige Schimpansen mit einem lebhaften Liebesleben. Sie praktizieren häufige Sexualität und benutzen sie unter anderem, um damit Konflikte zu befrieden. In einer gefährlichen Paarsituation, wenn Streit oder Handgreiflichkeiten drohen, kann der weibliche Teil ebenfalls durch das Anbieten von Sex die Situation entschärfen, den anderen besänftigen und auf diese Weise Harmonie herstellen.

Überhaupt eignet sich weiblicher Sex als universale Lustprämie für erwünschtes, männliches Verhalten. Eine Frau in einer festen Beziehung kann ihren Mann auf diese Weise geschickt manipulieren und ihn dazu bringen, das zu tun oder zu unterlassen, was ihr selber wichtig ist. Einen sehr triebfixierten Mann kann eine Frau durch die Macht ihrer Geschlechtlichkeit auch von sich abhängig machen und dann entsprechend über ihn verfügen.

d) Sexualität vermag im Rahmen einer Partnerschaft zu einem Mittel der Selbstdurchsetzung zu werden. Dies gelingt immer dann, wenn der männliche Teil sexuell sehr bedürftig ist und Sex-Entzug durch seine Frau nur sehr schwer erträgt. Auf diese Weise kann eine Frau ihren Willen durchsetzen und machen, dass „Männe ihr aus der Hand frisst" (Sex als Erpressungs-Mittel). Mitunter ist sexuelle Verweigerung auch die letzte Bastion weiblicher Selbstbehauptung im Schatten eines dominierenden Mannes.

e) Rachsüchtiger Triumph

Eine Form des aggressiven Missbrauchs von Sex stellt der sogenannte rachsüchtige Triumph dar.

Eine Sekretärin, die bei einer sehr großen staatlichen Behörde angestellt ist, durchläuft während einer langen Beschäftigungsdauer zahlreiche Abteilungen. Sie lernt auf diese Weise viele leitende Beamte und Ressort-Chefs kennen, die ihr Kraft gegebener Autorität Angst einflößen, die sie aber im selben Maße sexuell erregen. Die genannte Dame, von diesem Thrill angetörnt, ruht nun nicht eher, bis sie (fast) alle ihre Chefs in ihr Bett gezerrt hat. Im selben Moment verliert sie die Furcht vor ihnen, aber auch das erregende Angezogensein durch sie. Miteinander-schlafen entzieht dem Vorgesetzten seine Höher-Rangigkeit und stellt ihn auf eine soziale Stufe mit der Sekretärin. Da er durch diese Affäre mit einer Abhängigen zusätzlich etwas Verbotenes tut, liefert er sich dem wohlwollenden Stillhalten der Verführerin aus. Er wird abhängig von ihrem Schweigen und ihr damit ein Stück untertan. Sie hat ihn besiegt und kann triumphieren. Sie holt die zuvor gefürchteten Männer von ihrem Thron und genießt deren Fall. Sie sind alle auf ihr weibliches Sexappeal hereingefallen und haben damit eine unverzeihliche Schwäche offenbart. Sie hat sie depotenziert.

f) Erzwungener Sex als Machtdemonstration

Wenn der Mann in einer Beziehung das Sagen hat, vor Selbstbewusstsein und Ich-Stärke geradezu strotzt oder sogar ein Macho ist, dann wird er ein „Nein" vonseiten der Frau nicht akzeptieren. Er darf sich in seiner Rolle als Bestimmer eine sexuelle Zurückweisung ihrerseits nicht erlauben, ohne dass seine Identität angekratzt wird. Auf diese Weise geschieht es dann häufig, dass er seine Partnerin zum Sex zwingt, sogar handgreiflich wird, um sie „zu nehmen", ohne auf ihren Protest zu achten.

g) Verweigerter Sex als Mittel, den Partner zu bestrafen

In Reaktion auf männlichen Machismus kann eine im Leben und in der Ehe wenig durchsetzungsfähige Frau sexuelle Verweigerung als Mittel der Bestrafung ihres lieblosen Mannes einsetzen und wenigstens an dieser Stelle Vergeltung üben wegen zugefügten Leides.

3) Sexualität im Dienste von Selbstheilungsbemühungen

Der menschliche Sexualtrieb ist angeboren und steht jedem von uns als Pfründe zur Verfügung. Er stellt eine fast allzeit verfügbare Lustquelle dar und wird häufig zur Stabilisierung der eigenen seelischen Befindlichkeit eingesetzt. Insofern hat uns *Mutter Natur* bzw. die Evolution, eine Universal-Medizin zur Verfügung gestellt, die zumindest kurzfristig Leiden und seelische Schwierigkeiten dämpft.

Sexualität:
- entspannt und befriedigt;
- beschwichtigt Angst;
- füllt Leere aus und dämpft chronische Unzufriedenheit für kurze Zeit;
- dient dazu, ein angeschlagenes Selbstwertgefühl aufzurichten und wieder zu stärken: Eine für diese Konstellation typische Situation entsteht z.B., wenn ein Mann unverschuldet arbeitslos wird und diesen Umstand als sehr bedrückend für sich und seine Familie erlebt. Er fühlt sich abgewertet und gegenüber seinem Verwandten-, Freundes- und Bekanntenkreis sozial herabgestuft. Häufig versucht er dann, einen Nebenschauplatz aufzutun und bevorzugt auf dem sexuellen Gebiet besonders potent aufzutreten und kompensatorisch aktiv zu sein. „Wenn ich auch kein Geld verdiene, so bin ich andererseits doch ein toller Hirsch!" ist hier sein Motto.
- dient dazu, eine sonst unsichere weibliche (bzw. männliche) Identität zu stärken. Der in seiner Geschlechtsrolle unsichere Mensch (z.B.: bin ich wirklich eine vollwertige Frau?) benötigt Beweise für seine Zugehörigkeit zum weiblichen oder männlichen Lager. Mithilfe von sexueller Aktivität und rollenspezifischem Paarungsverhalten kann er sich die gewünschte Identität immer wieder aufs Neue bestätigen.
- macht die Seele kompakter und wehrt den Zerfall eines sonst fragilen Selbst ab. Starke Gefühle – und das orgiastische Erleben im sexuellen Rausch ist eine intensive Emotion – sind befähigt, eine instabile Selbststruktur für einige Zeit zusammenzuhalten und seinem Träger die Angst von einer Fragmentierung zu nehmen.

- stellt nicht selten die „einzig potente Stelle" einer Person dar, das Einzige, was sie genießen und mit Könnerschaft praktizieren kann. Wie etwa Marlene Dietrich im „Blauen Engel" verkündet:
  „Ich kann halt lieben nur und sonst gar nichts!"
- fungiert als Ersatzbefriedigung, wenn sonst alle möglichen Glücksquellen für einen Menschen verschlossen sind: Es gibt Personen, die sich für nichts und gar nichts interessieren, keine erstrebenswerten Ziele kennen, an nichts Freude haben, und nach ihren Wünschen und Sehnsüchten befragt, betroffen schweigen. Statt eines Bedürfnis-Profils existieren in ihrer Seele nur „vage Bedürfnis-Spannungen", die aus Not und Verzweiflung mit sexueller Aktivität gefüllt werden, aber keine echte Befriedigung spenden.

4) Der kopfgesteuerte Sexwunsch

Diese Art von Begehren ist eine typisch menschliche und nur eine beim Menschen anzutreffende Variante sexueller Plackerei, sprich: eine recht kraft- und saftlose Kümmerpflanze der Ratio, weil ihr der hormonelle Unterbau fehlt. Sie entspringt der Gegend hinter der Stirn, wo das Denken, die Vernunft, wo unsere Ge- und Verbote sitzen. Hier sind unter anderem auch unsere Moral, Maximen, Pflichtappelle und sozialen Tugenden, aber auch die Glaubensgewissheiten, Mythen und das Halb- und Falschwissen über Liebe und Sexualität beheimatet. Aus der Höhenluft dieser Region kommen gelegentlich schwach-brüstige Imperative, die seinen Träger auffordern, Sexualität zu machen oder zuzulassen, ohne dass sich simultan dazu ein echtes körperliches Triebbegehren regt.

Wieso, fragen wir uns erstaunt, kommen Menschen auf die Idee, Sex zu machen, obwohl ihnen in diesem Moment die sinnliche Lust dazu fehlt, der Impuls zu diesem Verhalten nur aus dem Oberstübchen kommt? Es gibt zwei Motivlagen, die dieses Rätsel erklären können:

Im ersteren Fall geht es den betroffenen Personen darum, irgendwelchen Normen oder Über-Ich-Forderungen gerecht zu werden. Der Eine möchte normal sein und, wie Luther empfiehlt, zweimal in der Woche Sex haben, ungeachtet der Tatsache, ob die dazu erforderliche Stimmungslage vorhanden ist. Ein Anderer will etwas für seine Gesundheit tun. Er hat über die aufbauende und lebensverlängernde Wirkung von Sexualität gelesen und möchte sich dieses Verjüngungsmittel nicht entgehen lassen. Es fällt auf, wie oft in Zeitschriften und Boulevardblättern die gesundheitsfördernde Kraft von sexueller Freude herausgestellt wird. Wer etwas auf sich hält und modern sein möchte, ernährt sich nicht nur gesund, treibt nicht nur regelmäßig Sport, sondern frönt auch ausgiebig der sinnlichen Lust, um sich in Schuss zu halten. Insofern kann Sex – auch ohne viel Triebvergnügen praktiziert – ein Tribut an den Zeitgeist sein, der das Motto ausgibt: „Viel Sex ist gut, noch mehr davon ist besser!"

5.) Äußere Impulsgeber

Bei den eben beschriebenen vier Spielarten stammt der Impuls, Sex zu praktizieren, aus dem inner-seelischen Raum des Betreffenden, ist also selbstbestimmt. Daneben gibt es das, was wir als Außensteuerung bezeichnen. Die gemeinten Personen – in der Regel sind es Frauen – fühlen sich durch äußere Umstände, z.B. sozialen Druck, verpflichtet, Sex zu machen oder zuzulassen, obwohl sie selber dazu nicht in der Stimmung sind. Hierher gehörte der berühmt-berüchtigte Paragraf aus dem Bürgerlichen Gesetzbuch, der die „eheliche Pflicht" einer Frau regelte und Frauen jahrhundertelang zwang, ihrem Mann willig zu sein. Auch heute noch gibt es vereinzelt weibliche Personen, die eine gute Ehefrau sein möchten und ihrem Ehemann deshalb diesen Liebesdienst erweisen, ohne selber etwas davon zu haben. Wir finden Frauen, die aus aggressiver Gehemmtheit heraus nicht Nein sagen können und auf diese Weise zu sexuellen Opfern werden. Andere meinen, den männlichen Erwartungen in Bezug auf Sex entsprechen zu müssen, wenn sie eine Einladung annehmen oder ein Geschenk bekommen. Es gibt nicht wenige Situationen, die Frauen von heute als eine Art Nötigung erleben. Aber anstatt sie zurückzuweisen, geben sie ihr aus innerer Schwäche, Scham oder Gehemmtheit nach.

Eine andere Motivlage entspringt der Sehnsucht mancher Männer und Frauen etwas wieder erleben zu wollen, was der Betreffende aus früheren Zeiten als sehr beglückend in Erinnerung hat. Er weiß um den hohen Befriedigungswert leidenschaftlicher Sexualität, erinnert sich an vergangene herrliche Bettfreuden und den belebenden Antriebsschub von gutem Sex. Er kann nicht hinnehmen, dass diese Glücksquelle inzwischen versiegt sein soll, weil Alter und nachlassende Vitalität seine Hormone nur noch spärlich sprießen lassen. Sein Verstand rebelliert gegen diese Entwicklung und treibt ihn an, es trotzdem wieder und wieder zu versuchen. Er will, ist paarungsbereit, aber der dazugehörige Trieb aus dem Kellergeschoss schweigt. Wenn das nicht echte Tragik ist!

Ich schließe dieses Kapitel an dieser Stelle ab. Der geneigte Leser wird zur Genüge erfahren haben, was alles hinter sexueller Aktivität stecken kann. Wo immer wir über Sex etwas erfahren, Paare beim heftigen Liebesspiel vorgeführt bekommen, Luststöhnen aus dem Nebenzimmer hören, die Nachbarin über Sex redet oder sich ein Mann mit seinen Liebesabenteuern brüstet – Vorsicht, da sind immer Mogelpackungen dabei, der äußere Schein kann trügen. Nicht überall, wo Sex draufsteht, ist Sex drin! Es gibt kaum eine menschliche Verhaltensweise, die vor so viele unterschiedliche Karren gespannt werden kann.

3
Das weibliche Begehren

Einem Sammelreferat von Walter Braun (2009) über das weibliche Begehren entnehme ich vier bemerkenswerte, wissenschaftlich fundierte Ergebnisse:
1. Heterosexuelle Männer wurden durch dargebotene heterosexuelle und lesbische Liebesszenen erregt. Ihre Selbsteinschätzung auf Befragen, was sie anturnte, korrespondierte mit ihren messbaren physiologischen Reaktionen (Erektionen).
Frauen zeigten genitale Erregung (verstärkte Durchblutung der Vagina und Lubrikation), sobald sie eine irgendwie geartete sexuelle Handlung dargeboten bekamen. Aber sie empfanden nur bei manchen sexuellen Szenen Lust. Ihr körperlicher Erregungszustand sagte wenig über ihre tatsächlich gespürte sexuelle Lust aus. Zwischen körperlicher Erregung und bewusstem Erleben gab es keine regelhafte Korrespondenz (M. L. Chivers, 2005).

2. Über das, was letztendlich das weibliche Begehren auslöst, gibt es in der wissenschaftlichen Literatur drei Hypothesen, aber keine endgültige Klarheit:
a) Seelische Nähe und Intimität im Rahmen von Vertrauen, Wohlbefinden und empfundener Sicherheit würden das Begehren auslösen (Lisa Diamond, 2008).
b) L. Benuto, M. Meana (2008) stellen den als positiv erlebten Narzissmus als den wichtigsten Wirkfaktor heraus und schreiben: „Eine Frau will begehrt werden, will erwählt sein; will einen Mann, dessen Verlangen nach ihr möglichst sichtbar und unkontrolliert ist."
„In einer Studie gaben zwischen 30 und 50 Prozent der Frauen an, die Vorstellung, zu Sex gezwungen, bedroht oder gefesselt zu werden, erregend zu finden" (Walter Braun, 2009). „Allerdings soll dieses sexuelle Wüten keineswegs angsterzeugend sein: Sicherheit und Geborgenheit wollen Frauen schon auch." Nach meiner Erfahrung spielen sich die eben genannten weiblichen Wünsche bei vielen Frauen nur in der Phantasie ab. Sie für bare Münze zu nehmen, wäre häufig ein verhängnisvolles Missverständnis.
c) M. L. Chivers (2005) wiederum hält das weibliche sexuelle Begehren für seelisch ausgelöst. Es bedürfe eines größeren Aufwandes

von Seiten des Partners, um die Frau sexuell zu erwecken (durch Worte und Berührungen). Ihr Begehren residiere, stärker als beim männlichen Geschlecht, in ihrem Kopf.

Das wissenschaftliche Bemühen, eine einheitlichere, für alle Frauen zutreffende Formel für ihr sexuelles Begehren zu finden, halte ich für aussichtslos. Aussichtslos deshalb, weil das komplexeste System im ganzen Universum, das menschliche Gehirn ist (und damit korrespondierend die psychische Struktur) und dessen Prägung sowohl von der ganz individuellen Lerngeschichte des Einzelnen, als auch von der jeweiligen Kultur abhängt. Warum sollten nicht alle drei, eben beschriebenen Hypothesen für das weibliche Begehren in einem jeweils unterschiedlichen Mischungsverhältnis auf die konkrete einzelne Frau zutreffen, aber auch noch Platz lassen für ganz spezifische, einmalige Auslöser.

Literatur *Die sexuell unterwerfungsbereite Frau:*
2014 machte in Amerika ein Sex-Roman Furore und brachte es bald weltweit auf eine Auflage von 70 Millionen verkaufter Exemplare: Fifty Shades of Grey. Er schildert die sado-masochistische Liebesgeschichte zwischen dem neurotisch gestörten Milliardär Christian und einer unbedarften, anfangs noch jungfräulichen Studentin Anastasia. Von der Kritik wurde das Buch als Schmonzette, als unbedeutend, schlecht geschrieben und psychologisch teilweise fragwürdig eingestuft. Was aber die Gemüter beschäftigte, war seine rasante Verbreitung und sein Interesse, das es in der Frauenwelt erregte. Es warf – soziologisch gesehen – die Frage auf, ob Frauen auch heutzutage – trotz aller Emanzipation – nach wie vor in der Sexualität die unterwürfige Position einnehmen und vom Mann dominiert werden wollen, und in diesem Zusammenhang auch Gewaltanwendung vonseiten des Mannes akzeptieren oder bejahen.

Sind Frauen also masochistisch?

Nein, „die" Frauen sind es natürlich nicht!

Aber es gibt eine nicht-kleine Gruppe unter ihnen, die beim Sex durchaus Lust empfindet, wenn sie hart herangenommen und dabei unterworfen wird. Ich gehe davon aus, dass es sich bei dieser Variante um – emotional gesehen – „normale" Frauen handelt, die weder echt masochistisch sind im neurotischen Sinn, noch als Kinder körperliche Gewalt-Erfahrungen hatten und als Erwachsene dieses alte Erlebnismodell wieder auferstehen lassen möchten.

Im Rahmen meiner 45jährigen Praxis als Psychoanalytiker hatte ich nicht selten Gelegenheit, sexuell unterwerfungsbereite Frauen zu analysieren und ihre Beweggründe hinter diesem Verhalten zu erforschen. Ich konnte insgesamt sechs Wirkfaktoren herausfiltern, die in diesem Zusammenhang von Bedeutung sein dürften:

Erstens: Der männliche Mann, der tolle Kerl

Für manche Frauen stellt der zupackende und besonders männliche Mann den heterosexuellen Wunschpartner dar. Sie mögen Männer, die kräftig und selbstbestimmt sind, ihr Ding machen und wissen, was sie wollen. Männliche Stärke und Dominanz im Umgang mit dem anderen Geschlecht erfreut sich bei ihnen besonderer Wertschätzung. Der echte Kerl bedient ein evolutionäres Erbe und „ein fundamentales weibliches Bedürfnis nach Hierarchie und Ordnung", wie Eva Illouz in ihrem Werk *„Warum Liebe wehtut"* vermutet. Sich einem solchen Musterexemplar der Gattung zu unterwerfen, passt in das bevorzugte Erwartungsschema dieser hier zu beschreibenden Frauen.

Das gestandene Mannsbild ist entschlossen, tatkräftig und fackelt nicht lange, es nimmt sich, was es möchte. In der Intimität übernimmt es die Führung. Es geht hier allerdings nicht um brutale Vergewaltigung gegen den Willen der Frau, sondern, wenn überhaupt, um moderate Gewaltanwendung bei grundsätzlich vorhandener Paarungsbereitschaft aufseiten der weiblichen Partnerin.

Evolutionsforscher interpretieren die Unterwerfungsbereitschaft einer Frau unter ein möglichst kräftiges Alpha-Männchen schon immer als einen biologisch sinnvollen Akt. Nur ein starker männlicher Partner kann seine Frau und ihre Kinder vor den Gefahren einer unberechenbaren Umwelt schützen und ihr Sicherheitsbedürfnis befriedigen. Ihre Unterwerfung ist dann der Preis für diese Leistung.

Zweitens: Erhöhung des Erregungsniveaus

Es kann durchaus passieren, dass die Unterwerfung der Geschlechtspartnerin beim weiblichen „Opfer" erst einmal ein leichtes Erschrecken, Protest oder eine Art Angstlust auslösen. Die betreffende Frau hat etwas anderes erwartet und ist nun unverhofft mit einer gänzlich neuen Situation konfrontiert, die ihre Nerven hochpeitscht. Das hat eine Erhöhung ihres allgemeinen Erregungsniveaus zur Folge. Die aus der Unterwerfung oder Gewaltanwendung stammende Erregung verstärkt die aufkommende sexuelle und beide Potenziale zusammengerechnet ergeben ein besonders intensives und eindrucksvolles Erleben.

Drittens: Kontrastphänomen

Bei der hier vorliegenden Liebesform dürfte ein Kontrastphänomen zur Wirkung kommen, weil sich die Gefühle und Verhaltensweisen des Mannes zwischen zwei extremen Polen bewegen. Der männliche Aggressor, eben noch grob und rücksichtslos, zeigt plötzlich *auch* zärtliche Gesten und Bezogenheit, verwandelt sich für Minuten in einen liebevollen Sexpartner. Sein Sprung von einem Extrem ins andere dürfte für manche Frauen sehr erregend sein. Besonders auch jenes Kippmoment aufseiten der Frau, wo aus anfänglichem weiblichem Widerstreben – wegen seiner Ruppigkeit - pure Lust, aus ihrem heimlichen „Nein" zum Sex ein euphorisches „Ja" wird.

Viertens: Aufwertung der Frau

So paradox es bei erstem Hinsehen erscheinen mag: Die Dominanz des Mannes und sein beherztes Zupacken macht das männliche Begehren sehr eindeutig und lässt es in den Augen der Frau als besonders stark erscheinen. 'Er will mich!' denkt sie. 'Er lässt keinen Zweifel aufkommen, dass er mich haben will!' Dadurch erlebt sie sich in ihrer weiblichen Rolle und in ihrer Attraktivität aufgewertet.

Fünftens: Der Partner als Entwicklungsaufgabe für die Frau

Sie fühlt sich manchmal als seine Sexsklavin und als sein reines Sexualobjekt. Aber dazwischen gibt es immer wieder Momente von echter emotionaler Nähe zwischen ihnen. Gelegentlich kann er weich und hingebungsvoll sein und in ihren Armen zerschmelzen. Dann ist sie besonders glücklich und hat die Hoffnung, aus dem Macho einen Liebenden zu machen, seinen echten guten Kern freizulegen und mit ihm einen neuen Liebesfrühling zu genießen. Letztendlich ersehnt sie, durch ihre Liebe (und zumindest in der Liebe) auf gleiche Augenhöhe mit ihm zu gelangen.

Sechstens: Für den sexuellen Masochismus, der sich im Rahmen einer seelisch relativ gesunden Persönlichkeit abspielt, gibt es – wenn wir den Gehirnforschern glauben dürfen – wahrscheinlich eine simple Erklärung: zugefügte körperliche Schmerzen kurbeln die Ausschüttung von körpereigenen Opiaten an, die zu einem gewissen Glücksrausch führen, die Schmerzen relativieren, versüßen und teilweise in Genuss verwandeln. Außerdem kommt ein zweiter neurochemischer Mechanismus in dieser Situation zum Tragen: Beta-Endorphine (Opiate) regen ihrerseits die Produktion von Dopamin an, ein Botenstoff, der das sexuelle Begehren zusätzlich noch verstärkt und somit das sadomasochistische Geschehen in seiner positiven Gefühlsstärke intensiviert.

Was lehrt uns dieses Kapitel:

Es gibt eine – wahrscheinlich gar nicht so kleine – Gruppe von modernen Frauen, deren Liebesleben eine schallende Ohrfeige für die weibliche Emanzipations-Bewegung darstellt; die nicht selbstbestimmt auftritt, sondern alle Klischees von machohafter Männlichkeit bedient und das alles freiwillig und obendrein noch mit Lustgewinn.

4
Illusionäre oder zu hohe sexuelle Begehrlichkeiten

In diesem Kapitel geht es darum, dass eine Person an sich selbst oder an ihr Liebesobjekt sexuelle Erwartungen, Wünsche, Ansprüche oder Forderungen stellt, die schwer oder nicht realisierbar sind. Das, was man vom Anderen in punkto Sex haben möchte, bzw. von der eigenen Person verlangt, kann unterschiedliche Grade der Dringlichkeit annehmen. Die schwächste Ausdrucksform einer sexuellen Begehrlichkeit ist die Erwartung. Sie wird häufig nicht einmal ausgesprochen, gedeiht im Stillen, ja, ist ihrem Träger manchmal sogar selbst nicht bewusst. Gelegentlich sind es unklare, diffuse Sehnsüchte, die auf den Partner gerichtet werden in der Hoffnung, er möge sie erraten und unaufgefordert stillen. Der Inhalt des jeweils Erwarteten kann natürlich sehr variieren. Er kann sich auf die Häufigkeit des Geschlechtsverkehrs, seine Qualität, auf Sexualpraktiken, auf die Gefühle beim Liebemachen oder die Rahmenbedingungen beim Sex beziehen.

Wünsche haben, im Gegensatz zu Erwartungen, einen höheren Grad an Bewusstheit. Ihr Träger weiß, was er möchte. Er kann das Gewünschte für sich selber klar formulieren und es dem Partner eventuell auch mitteilen. Aber manchmal spricht er sie nicht aus.

Ansprüche beschreiben etwas, von dem ich glaube, dass es mir zusteht. Es ist mein gutes Recht, es zu bekommen, auch wenn ich dieses Recht nicht ausdrücklich formuliere. Mein Partner steht in der selbstverständlichen Pflicht, mir das Beanspruchte zu geben.

Forderungen sind die dringlichste Stufe einer Begehrlichkeit. „Ich habe nicht nur das Recht, etwas Bestimmtes zu bekommen, ich darf es auch lautstark einfordern, gegebenenfalls sogar einklagen."

Menschliches Verlangen – ausgefächert in diesen vier Dringlichkeitsgraden – richtet sich aber nicht nur auf einen Partner, sondern auch auf das eigene Ich. Ich selber kann mich zum Adressaten von Strebungen machen und auf dem Gebiet des Sexuellen ganz Bestimmtes von mir erwarten, wünschen, beanspruchen oder fordern.

Grundsätzlich lässt sich feststellen, dass unausgesprochene sexuelle Erwartungen und sexuelle Wünsche mit Forderungs-Charakter in der Sexualität nichts zu suchen haben und deshalb „verboten" sind. Nicht-kommunizierte Wünsche des Einen sind für den Anderen nicht greifbar. Der Partner kann von ihrer Existenz in vielen Fällen nichts wissen, auch wenn ihr Träger meint, sein Liebesobjekt müsste sie doch erspüren. Er kann sie deshalb auch nicht erfüllen. Forderungen dagegen stehen deutlich ausgesprochen im Raum, aber sie vermitteln den Eindruck, als ob ihre Erfüllung die verdammte Pflicht und Schuldigkeit des anderen wäre. Das aber verstößt gegen ein elementares Menschenrecht: die individuelle Selbstbestimmung. Also auch hier existiert ein deutliches Stopp-Zeichen.

Wir leben in der westlichen Welt in einer geschichtlichen Epoche sich verschärfender Leistungsansprüche im Arbeitsleben. Es nimmt deshalb nicht wunder, dass die Prinzipien der Effektivität und Nutzenmaximierung auch in den ganz persönlichen Daseinsraum einbrechen und sich der Leistungsehrgeiz bei manchen Personen bis in die eigene Sexualität hinein ausbreitet. Was ursprünglich einmal dem puren Lustprinzip unterlag und ohne besondere Anstrengung und Meisterschaft dem reinen Genuss diente, wird heutzutage bei nicht wenigen Menschen mit einer hochgehängten Messlatte versehen und damit seiner Unschuld beraubt. Anstelle des schlichten „Sex-haben" tritt die Forderung, „guten Sex" haben zu müssen, um auf der Höhe der Zeit zu sein und der Vorstellung von den eigenen Qualitätsansprüchen zu genügen. Frauen wollen z.B. jedes Mal zum Orgasmus kommen (bzw. glauben, es zu müssen) oder gar multiple Orgasmen haben. Ein Mann verlangt von sich zu jeder Zeit und unter allen Umständen ein langes Stehvermögen und die charismatischen Fähigkeiten eines tollen Liebhabers zu besitzen. Aber seine Erwartungen und Ansprüche beziehen sich nicht nur auf eigene Könnerschaft im Sexuellen, sondern sie richten sich auch auf bestimmte erwünschte Eigenschaften seiner Partnerin.

In diesem Zusammenhang müssen wir unterscheiden:

ob das, was eine Person von sich selbst erwartet und einfordert, zu hoch ist und damit die eigene Machbarkeitsgrenze überschreitet (ein anderer würde dasselbe sehr wohl fertig bringen); oder ob das, was er wünscht und realisieren möchte, grundsätzlich nicht mit dem

Wesen von Sexualität vereinbar ist, weil der Betreffende falsche Informationen und irrige Glaubensgewissheiten über das Sexuelle erworben hat?
   a) Zu hohe illusionäre oder unerfüllbare sexuelle Ansprüche an die eigene Person.

Einige Statements von Betroffenen:
- Ich möchte immer Lust auf Sex haben und immer rattenscharf sein, eine unerschöpfliche Potenz besitzen.
- Ich möchte immer können und wie eine gut geölte Sexmaschine funktionieren.
- Ich möchte bei jedem Geschlechtsverkehr den Engeln im Himmel begegnen und Hollywoodkino erleben.
- Ich möchte bei jedem Geschlechtsverkehr einen guten Orgasmus erleben.
- Ich möchte immer total sexy wirken und als Frau eine sexuelle Verzauberungsmacht auf meinen Partner besitzen.
- Ich möchte ein toller Liebhaber sein. Keine Frau soll meinem sexuellen Verführungstalent widerstehen können. Ich will jeder Frau einen sündhaft-schönen Orgasmus machen.
- Ich will eine Sex-Ikone sein: jeder Mann muss mir hörig werden.

   b) Unerfüllbare oder überfordernde Wünsche und Ansprüche an den Sex-Partner
Jetzt wird die Sachlage kompliziert! Jetzt geht es nicht nur um die Frage, ob eine Person von seinem Liebesobjekt etwas Falsches oder Illusionäres oder zu Hohes erwartet oder verlangt. Es kommt jetzt auch darauf an, ob das, was er vom Anderen erwartet oder wünscht, zur Wesensart des Betreffenden passt. Da jeder Mensch ein anderes Charakterprofil besitzt, ist er nur in der Lage, das zu erfüllen, was in seiner Macht steht, wozu er Talent, Erlebnismöglichkeiten und einen bestimmten Geschmack hat. Von einer verklemmten Frau wilden und „versauten" Sex zu fordern, ist etwas anderes, als dasselbe Anliegen an die Adresse einer Kurtisane zu richten. Wenn es also um Sex-Wünsche an den Partner geht, müssen wir immer auch dessen charakterliche Beschaffenheit im Au-

ge behalten. Was der Eine spielend erfüllen kann, ist für einen Anderen bereits eine Überforderung oder eine nicht zu leistende Zumutung.

Da in der Liebe, und besonders in der Sexualität, der Normalitätsbegriff nicht mehr gilt, wird es schwierig zu bestimmen, wann ein sexueller Wunsch an den Anderen unangemessen hoch, illusionär oder nicht erfüllbar ist und ob dieser Maßstab für alle Menschen Gültigkeit hat. Die sexuellen Vorstellungen, die einzelne Individuen haben, enthalten auch immer ein implizites Normensystem, welches darüber entscheidet, was falsch und richtig, erlaubt und verboten, erwünscht und nicht erwünscht ist.

Jetzt ein paar Statements, die diesen Sachverhalt illustrieren sollen:

- Stehe mir jederzeit sexuell zur Verfügung.
- Bringe mich zum Orgasmus, schmelze den Eisberg durch deine Leidenschaft und Wildheit. Mach, dass ich rase vor Lust.
- Begehre mich ständig, aber zeige Verständnis, dass ich nur ab und an mit dir schlafen möchte.
- Begreife doch, dass du dir den Sex mit mir verdienen musst. Im Leben gibt es nichts umsonst.
- Ich will total versauten, dreckigen und hemmungslosen Sex mit dir.
- Erfülle mir meine perversen Gelüste.
- Mein Engel, sei eine Nutte für mich.
- Errate meine sexuellen Wünsche und wie und wo ich stimuliert werden will.
- Komme in dem Moment, wo ich komme.

Was hier der Protagonist von seinem Liebesobjekt wünscht oder fordert, liegt nicht total jenseits aller Machbarkeit. Vielleicht gelingt es auch einige Male, den Partner zufriedenzustellen. Aber grundsätzlich dürften die hier angemeldeten Ansprüche den Anderen überfordern, zumal wenn seine Wesensart den sexuellen Wünschen des Partners entgegensteht.

Wir stoßen auch hier wieder an schmerzliche Grenzen. Manches ist in der Sexualität nur selten oder gar nicht machbar. Anderes wiederum scheitert an der Andersartigkeit des Partners und dessen begrenztem Vermögen.

5
Falsche Überzeugungen in Bezug auf Sexualität

Ein weiteres Konfliktfeld tut sich auf, wenn wir uns die Missverständnisse, die irrigen Glaubensgewissheiten und das Falschwissen in Bezug auf die menschliche Sexualität anschauen. Hier existieren falsche Normvorstellungen; moralische Ge- und Verbote, die so nicht haltbar sind; Vorurteile über männliches und weibliches Rollenverhalten beim Sex; gesundheitliche Befürchtungen und grundsätzliche Irrtümer über die geschlechtliche Liebe. Manchmal liegt der Fehler auch nur darin, dass ganz individuell bedingte Erscheinungen im Liebesleben verallgemeinert, d.h. auf alle sexuell aktiven Menschen ausgedehnt werden. Leider hat das, was eine Person über die Sexualität (falsch) denkt und (falsch) zu wissen meint, einen Einfluss auf ihre sexuelle Aktivität und Zufriedenheit. Irrige Norm-Vorstellungen und Überzeugungen, Illusionen und falsche Rollen- und Glückserwartungen geben dann den Rahmen ab, innerhalb dessen sich ihre Sexualität abspielt. Hier treffen wir auf insgesamt drei Gruppen von Falschwissen:

Das falsche Frauenbild der Männer bezüglich der weiblichen Sexualität
Was Männer über Frauen (falsch) denken:

1. Eine unzufriedene, missgestimmte Frau ist eine sexuell unbefriedigte Frau: „Der muss man es mal wieder ordentlich besorgen!"
2. Frauen sind genauso dauergeil wie Männer, sie geben es nur nicht zu! Oder wissen es selber bloß noch nicht.
3. Frauen brauchen den Orgasmus, um sexuell befriedigt zu sein.

4. Frauen „blasen" gerne, um einen Mann zu befriedigen.
5. Wenn eine Frau „Nein" sagt, meint sie „vielleicht". Und wenn ein Mann sie soweit hat, dass sie „vielleicht" sagt, dann meint sie „Ja".
6. Wenn ich eine Frau begehre und ihr meine Gier zeige, muss sie doch auch sexuell erregt werden.
7. Frauen bevorzugen Kuschelsex.
8. Frauen lehnen Pornografie grundsätzlich ab.
9. Frauen achten bei der Partnerwahl nur auf die Persönlichkeit des Mannes, nicht auf sein Aussehen.
10. Jede Frau, die zickig ist oder chronisch unzufrieden, leidet an sexuellem Mangel. Wenn ein Mann mit ihr schlafen würde, würde sie aufblühen.
11. Wenn eine Frau zu einem Mann freundlich ist, ihn anlächelt oder gar mit ihm flirtet, signalisiert sie damit ihre Paarungsbereitschaft.
12. Der Befriedigungsgrad eines Penis hängt von seiner Dicke und Länge ab. Ein besonders kräftiger Penis verschafft der Frau eine ultimative Befriedigung.

Besprechung der eben aufgezählten zwölf Punkte:
Zu 1) Falsch: Unzufriedenheit kann sehr viele Ursachen haben.
Zu 2) Falsch: Die weibliche Sexualität tritt, im Schnitt gesehen, nicht so imperativ auf wie die männliche. Von Dauergeilheit kann nur bei einer kleinen Gruppe von Frauen die Rede sein.
Zu 3) Falsch: Viele Frauen empfinden ein sexuelles Beisammensein auch ohne Orgasmus als befriedigend. Für sie spielt die Intimität und das Nähe-Erlebnis während des Geschlechtsverkehrs eine wichtige Rolle.
Zu 4) Falsch: Männer unterschätzen den Ekelfaktor bei dieser Tätigkeit: Atemnot, Brechreiz, Nackenstarre. Die meisten Frauen tun es ihren Männern zu Gefallen und haben selber keine sexuelle Befriedigung dabei.
Zu 5) Falsch: In der Regel meint eine Frau auch das, was sie sagt. Allerdings kann sie ein längeres liebesvolles Umwerben dennoch umstimmen.
Zu 6) Falsch: Männliche Gier erregt die weibliche Sexualität häufig nicht.

Zu 7) Falsch: Nicht wenige Frauen wollen ohne lange Vorbereitung einen handfesten Sexualverkehr.

Zu 8) Falsch: Eine Gruppe von Frauen findet zunehmend Gefallen an Pornos und schätzt sie als Stimulanzien.

Zu 9) Falsch: Wir leben im Zeitalter der Ästhetik und des Jugendwahns, in deren Gefolge die körperliche Schönheit, inzwischen auch in Bezug auf Männer, eine wichtige Rolle spielt. Ein knackiger Männer-Po kann inzwischen auch Frauen entzücken.

Zu 10) Falsch natürlich: Es gibt viele Gründe für Lebens-Unzufriedenheit. Eine Frau, die nicht verliebt ist und länger keinen Sex hatte, vermisst ihn in der Regel auch nicht.

Zu 11) Falsch: Sie will nur nett sein und es bei dem Flirt belassen. Das gleiche Missverständnis passiert oft beim Austausch von Zärtlichkeiten im Rahmen einer länger bestehenden Bindung. Sich küssen und Sich umarmen bedeutet für eine Frau nicht automatisch: „Ich möchte mit dir schlafen!" Sondern zeigt erst einmal nur den Wunsch nach körperlicher Nähe und Wärme an.

Zu 12) Falsch: Die Länge und Dicke des männlichen Glieds spielt nur eine sehr untergeordnete Rolle. Entscheidend ist vielmehr, wie gekonnt und auf seine Partnerin bezogen der Mann mit seinem Schniedelwutz umgeht.

Das falsche Männerbild der Frauen bezüglich der männlichen Sexualität
Was Frauen über Männer (falsch) denken:

1) Männer wollen immer nur das Eine
2) Männer können immer und überall.
3) Männer sind Schweine.
4) Männer denken nur an die eigene Befriedigung.
5) Männer schauen immer nur auf Busen und Po bei einer Frau.
6) Männer haben vom Geschlechtsverkehr mehr Befriedigung und Spaß als Frauen.
7) Der Mann ist für die sexuelle Befriedigung der Frau verantwortlich. Er sollte immer der Aktive sein, die Initiative soll von ihm ausgehen. Er sollte auch der Frau Lust auf Sex machen.

8) Männer ekeln sich vor der Vagina. Es ist ihnen nicht zuzumuten, sie zu lecken, Oralsex zu haben.
9) Männer ekeln sich vor dem Vaginal-Geruch.

Besprechung der eben genannten neun Punkte:
Zu 1) Falsch: Der Sexualtrieb folgt, statistisch gesehen, einer Art Normalverteilung. Das heißt, es gibt grob unterteilt drei Gruppen von Männern: a) triebhafte, b) sog. Normalos und c) solche, die wenig sexuelle Lust verspüren oder denen es relativ leichtfällt, streckenweise ganz auf Sex zu verzichten. Es gibt auch Frauen, allerdings seltener als umgekehrt, welche die Sexmüdigkeit ihrer männlichen Partner beklagen.

Zu 2) Falsch: Auch Männer müssen in Stimmung sein, um ihrem Trieb zu frönen oder benötigen eine passende Umgebung für den Liebesakt. Die Wenigsten von ihnen spüren Paarungsbereitschaft im Fahrstuhl, bzw. brächten einen Akt zustande, selbst wenn sie wollten.

Zu 3) Hier haben wir es mit einer Pauschalverunglimpfung des männlichen Geschlechts zu tun, ausgesprochen von Frauen, die offenbar negative sexuelle Erfahrungen mit Männern gemacht haben oder die auf dem Emanzen-Trip sind und die Vorteile der männlichen Rolle in unserer Gesellschaft beklagen.

Zu 4) Falsch: Es existiert eine große Gruppe von Männern, die sehr darauf bedacht ist, ihrer Liebespartnerin einen Orgasmus zu bescheren; ja, der die Befriedigung der Frau wichtiger ist als die eigene!

Zu 5) Diese Behauptung stimmt nur zum Teil! In der Tat sind für viele Männer diese äußeren weiblichen Geschlechtsmerkmale von großer Bedeutung. Nicht umsonst lassen sich einige Sexidole im Show- oder Pornogeschäft ihre Brüste monströs vergrößern, und zwar in der Annahme, dadurch besonders sexy und anziehend zu wirken. Nicht wenige Männer werden allerdings von den langen, fülligen Haaren oder der Schönheit des weiblichen Geschlechts fasziniert und schätzen einen kleinen und festen Busen.

Zu 6) Falsch: Der Befriedigungswert eines sexuellen Aktes hängt in erster Linie von der sexuellen Erlebnisfähigkeit des Betreffenden ab und nicht von seiner Geschlechtszugehörigkeit. Vielleicht könnte man den Spieß sogar umdrehen und behaupten: Frauen haben mehr Genuss vom Sex! Sie erleben ganzheitlicher; ihr gesamter Körper ist eine erogene Zone und sie sind sogar zu multiplen Orgasmen fähig.

Zu 7) Falsch: Weder *Sie* noch *Er* sind einseitig für die Befriedigung des jeweils Anderen verantwortlich. Liebemachen ist vielmehr eine Gemeinschaftsaufgabe mit wechselseitigem Bemühen.

Zu 8) Falsch: Die Vagina ist – unter normalen hygienischen Voraussetzungen – für die meisten Männer Sehnsuchtsort und begehrte Stelle während des sexuellen Beisammenseins, wofür auch der weitverbreitete Oralsex spricht. Allerdings dürften hier kulturelle Rahmenbedingungen und religiöse Normen in Bezug auf die Akzeptanz von oraler Sexualität eine Rolle spielen.

Zu 9) Falsch: Den weiblichen Sexualgeruch erleben die meisten Männer als sexuelle Stimulanz, sofern er nicht einen bestimmten Intensitätsgrad überschreitet. An dieser Stelle ist das männliche Geschlecht noch am sichtbarsten mit seinen Steinzeitvorfahren, vor allen Dingen aber mit vielen Säugetierarten verwandt, deren Geschlechtsleben sehr stark von olfaktorischen Momenten bestimmt wurde, bzw. wird.

Nicht nur bestimmte Männer- und Frauenbilder können in die Irre führen. Natürlich kann auch die Sexualität als solche, losgelöst von der männlichen, bzw. weiblichen Sichtweise, zum Gegenstand diverser Irrtümer und Falschannahmen werden.

Falsche Annahmen über die menschliche Sexualität als solche:
1)Wenn man liebt, begehrt man den Anderen auch immer sexuell. Es gibt keine Liebe ohne Sex. Sex und Liebe sind ein und dasselbe, nur die zwei Seiten einer Medaille. Sexuelles Begehrt-werden ist immer auch Ausdruck von Liebe.

2)Sex ist die höchste Ausdrucksform von Liebe. Solange man sich liebt, erhält sich auch die sexuelle Leidenschaft.

3)Leidenschaftlicher, zum Niederknien schöner Sex, muss in einer sexuell wilden Beziehung bei jedem Geschlechtsakt stattfinden.

4)Es ist wichtig und für den Bestand einer guten Beziehung notwendig, im Bett über Sex zu reden.

5)Sex ist die größte Glücksquelle auf Erden; für jeden Menschen eine Art Existenzbestätigung.

6) Sex ist ein Allheilmittel, beseitigt Depressionen oder Unzufriedenheit.

7) Wenn sich zwei Menschen mögen oder gar lieben, lässt die sexuelle Anziehungskraft und damit die Häufigkeit ihres Geschlechtsverkehrs auch nach Jahren oder Jahrzehnten nicht nach.

8) Alle Menschen sind von Natur aus sexuell erlebnisfähig, da sie einen Sexualtrieb haben.

9) Zuviel Sex ist schädlich, ruiniert die Gesundheit.

10) Selbstbefriedigung ist trotz bestehender Partnerschaft ein Krisenzeichen für die Paarbeziehung.

11) Wer seinen Partner aufrichtig und nur stark genug liebt, macht jede sexuelle Perversion des Anderen mit.

12) In der Ehe hat man ein verbrieftes Recht, vom Anderen jederzeit sexuell befriedigt zu werden.

13) Beide, Mann und Frau, müssen beim Geschlechtsverkehr im selben Augenblick kommen, ihren Höhepunkt haben, sonst taugt er nichts.

14) Sex benötigt immer ein ausgedehntes und zärtliches Vorspiel, um wirklich erfüllend zu sein.

15) Während des Geschlechtsverkehrs sollen sich Mann und Frau in den jeweils Anderen empathisch einfühlen, ganz im Du aufgehen, den Partner in seinem Ausdruck spiegeln und jede seiner Regungen resonant begleiten.

16) Sex bindet zwei Menschen aneinander.

17) Es ist bedenklich und ein Zeichen einer sexuellen Störung, wenn eine Frau nicht bei jedem sexuellen Beisammensein einen Orgasmus hat.

Besprechung der eben genannten 17 Punkte:
Zu 1) Falsch: Es gibt Sex mit Liebe und Sex ohne Liebe. Insbesondere Männer können beide Erlebnismodalitäten voneinander trennen und genießen.

Zu 2) Falsch: Sex ist nicht die höchste Ausdrucksform der Liebe, da Sexualität ja auch ganz ohne Liebe praktiziert werden kann. Es gibt allerdings Liebespaare, die wegen der Strahlkraft ihres Verliebt-seins die körperliche Vereinigung als dessen Höhepunkt erleben.

Zu 3) Falsch: Menschen mit sexueller Erfahrung wissen, dass nicht jeder Geschlechtsverkehr dem anderen gleicht oder auch immer den höchsten Genuss bereitet. Er ist häufig unterschiedlich intensiv und in seinem Befriedigungswert wechselnd.

Zu 4) Falsch: Zu viel über Sex zu reden oder gar in dem Moment, da man ihn praktiziert, ist schädlich. Denken oder kritische Anmerkungen während des Liebesakts können den unbekümmerten Fluss der Emotionen abschwächen oder gar ganz abdrosseln. Das schließt natürlich nicht aus, dass man in einer stillen Stunde über bestehende sexuelle Wünsche oder Probleme miteinander spricht, ohne sich dabei seelisch zu zerpflücken.

Zu 5) Falsch: Hierbei handelt es sich um eine unzulässige Verallgemeinerung. Die meisten Individuen schöpfen aus mehreren Glücksquellen ihre Lebenszufriedenheit. Sex kann dabei wichtig sein. Aber für manche ist Sexualität tatsächlich die einzige Befriedigungsmöglichkeit, die sie haben.

Zu 6) Falsch: Sex ist kein Allheilmittel, kann aber dazu benutzt werden, um kurzfristig: seelische Leere auszufüllen, Langeweile zu betäuben, Ängste zu dämpfen oder quälende Konfliktspannungen abzumildern. Sein beruhigender Einfluss auf eine in Not befindliche Psyche hält allerdings nie lange an.

Zu 7) Falsch: Die Häufigkeit des sexuellen Beisammenseins sinkt von Jahr zu Jahr, auch bei Paaren, die sich nach wie vor lieben.

Zu 8) Falsch: Manche Individuen sind – biologisch betrachtet – nur mit einem schwachen Sexualtrieb ausgestattet. Ihre Genussmöglichkeiten in diesem Segment der menschlichen Bedürfnispyramide sind von daher gesehen eher bescheiden. Was die sexuelle Erlebnisfähigkeit anbelangt, so kann sie durch eine lieblose, brutale, entbehrungsreiche und bindungsarme Kindheit stark eingeschränkt sein. Der Betroffene kann zwar Sex haben, aber er wird ihn als wenig erfüllend und wenig zufriedenstellend empfinden.

Zu 9) Falsch: Sex, auch häufig praktiziert, schadet der Gesundheit nicht, sondern erhöht im Gegenteil die vitale Frische und Lebendigkeit eines Individuums. Es war das sexualfeindliche 19. Jahrhundert mit seiner schwarzen Pädagogik, das den Zeitgenossen den Mythos von dem krankmachenden Einfluss von zu häufigem Sex auftischte.

Zu 10) Falsch: Onanie ist kein Krisenzeichen. Aber das glaubte man früher: Diese Überzeugung war sogar unter Paartherapeuten bis in die 70er, 80er Jahre hinein verbreitet. Motto: Onanie ist ein Not-Ventil. Wer eine befriedigende Zweierbeziehung hat, benötigt es nicht. Inzwischen ist man anderer Meinung. Inzwischen koexistieren Selbstbefriedigung und Partnersex friedlich nebeneinander und sind kein Symptom für eine gestörte Beziehung. Inzwischen weiß man auch, dass selbstfabrizierte Orgasmen genussvoller sein können als solche im Doppelbett, weil der Betreffende genau weiß, wie die optimale Stimulierung für ihn abzulaufen hat. Wenn Frauen onanieren, kommen sie häufiger zum Orgasmus als in Verbindung mit einem Partner. Ist das nicht verrückt? Stellt das nicht alles bisher Geglaubte auf den Kopf?

Zu 11) Falsch: Nicht jede deviante Sexualpraktik eines Individuums kann von seinem Partner akzeptiert und mitgemacht werden, und zwar dann nicht, wenn sie seine Würde verletzt oder seine Ekelschranke durchbricht. Hier ist Rücksichtnahme auf die Widerstände des Anderen unbedingt angezeigt. Auch die größte Liebe kann da keine Brücken bauen.

Zu 12) Falsch: Dieses Recht gibt es inzwischen nicht mehr! Dem zufolge kann es von einem Partner auch nicht eingefordert werden.

Zu 13) Falsch: Auch dieses Ideal stammt aus der romantischen Mottenkiste früherer Zeiten und wird der täglich gelebten Paar-Realität nicht gerecht. Natürlich kann und wird es ab und an passieren, dass beide Akteure im selben Moment ihren Höhepunkt erleben und diese Tatsache dann als ein Zeichen einer besonders glücklichen Beziehung auslegen. Während des Orgasmus ist *Er* und *Sie* allerdings ganz auf das eigene Erleben bezogen und frönt egoistischer Weise der eigenen Triebbefriedigung. Das ist völlig o.k. und richtig, hat sogar einen Zusatzgewinn: Wenn – im Falle einer Nicht-Synchronizität – erst *Er* und später dann *Sie* (oder umgekehrt) „kommt", haben beide zweimal was von dem erregenden Aufbäumen der Lust: nämlich Genuss am eigenen Höhepunkt und später den Mitgenuss am Orgasmus des Partners.

Zu 14) Falsch: In dieser Verallgemeinerung trifft genannte Regel nicht zu. Wie an anderer Stelle bereits ausgeführt, schätzen es viele Paare, direkt und ohne Umschweife den Geschlechtsverkehr auszuüben. Aus meiner eigenen Praxis fällt mir ein Lehrer-Ehepaar ein.

Wenn beide gegen 15 Uhr gestresst aus der Schule nach Hause kamen, sprang sie oft ohne langes Federlesen auf den Küchentisch und ließ sich von ihrem Mann, die eigene Spannung und nervöse Gestautheit „aus dem Leib vögeln!" Für beide stellte der Sex ein wunderbares Mittel zur Entspannung dar.

Zu 15) Falsch: Im Moment des intensivsten sexuellen Erlebens ist jeder ganz bei sich und von der eigenen Lust besetzt. Es ist ein falsch verstandener Liebesdienst zu glauben, man müsse unentwegt die Gefühlswallungen seines Partners im Auge behalten und mit Anteilnahme begleiten. Es genügt, vorher und hinterher lieb zu sein.

Zu 16) Unter Frauen ist dieses Vorurteil weit verbreitet. Inzwischen allerdings viel weniger in der Generation der 20 bis 30 Jährigen. In der Mittel- und Oberschicht des 19. und 20. Jahrhunderts (etwa bis 1968) bedeutete der gemeinsam vollzogene Geschlechtsverkehr zumindest noch für viele so etwas wie ein Verlobungsantrag, verpflichtete den Mann, seine Geliebte nicht „sitzen zu lassen" oder gar zu heiraten. Indem man das Intimste miteinander teilte, versprach man sich füreinander. Das ist gegenwärtig in keine Weise mehr so. Sex heutzutage ist unverbindlich geworden und verpflichtet weder Mann noch Frau zu irgendetwas.

Zu 17) Falsch: Es gehört zur statistischen Normalität, nicht jedes Mal „zu kommen" und stellt kein bedenkliches Zeichen für eine sexuelle Störung dar.

Die Liste möglicher Irrtümer, Überzeugungen und Missverständnisse soll an dieser Stelle geschlossen werden. Sie ist, weiß Gott, nicht vollständig. Und sie beschreibt auch keine in Stein gemeißelten Unwahrheiten. Das ist das Fatale, wenn man menschliches Meinen, Erleben oder Verhalten beschreibt: es gibt immer Ausnahmen von der Regel. Das hier Festgestellte trifft nicht auf alle Menschen zu. Es existiert kein nur Schwarz, bzw. nur Weiß im Seelischen, sondern es gibt immer nur Tendenzen. Trotzdem: die Kapitel: überzogene Erwartungen und Falschwissen über Sex passen ebenfalls gut zu dem Motto des vorliegenden Buches: *„Oh, diese verrückte Sexualität!"* Es illustriert nämlich, wie sich auch unser Verstand in das sexuelle Triebgeschehen einmischt und auf welche Art und Weise falsche Denkergebnisse es behindern und verzerren können.

6
Intrapsychische Konflikte

Wir sind in der westlichen Welt über die Anatomie und Physiologie des Sexuellen in der Regel medizinisch aufgeklärt. Die Sexualmoral ist weitgehend liberalisiert. Weite Teile der Bevölkerung fühlen sich nicht mehr an religiöse Gebote und Einschränkungen gebunden. Jeder von uns kann zu später Stunde die schönsten sexuellen Verrenkungen im Fernsehen anschauen und auf diese Weise lernen, wie man es am besten machen soll.

„Tut euch keinen Zwang an!" suggerieren die Bilder.

So gut wie alles ist sexuell erlaubt und inzwischen ohne Tabus. Eigentlich müsste es in deutschen Betten jede Nacht sexuell nur so krachen. „Hurra, wir sind frei und dürfen uns ungeniert ausleben!" heißt das Zeitgeist-Motto.

Aber der äußere Schein trügt. Denn wenn ich die Behandlungsprotokolle der letzten 20-30 Jahre meiner psychotherapeutischen Tätigkeit überfliege, werde ich eines Besseren belehrt. Unter dem Stichwort „sexuelle Schwierigkeiten" kann ich einen umfangreichen Katalog an sexuellen Ängsten, Konflikten und Hemmungen zusammenstellen und mich nur wundern, was es da alles an „Verrücktheiten" gibt. Ich will sie Ihnen alle auftischen in diesem Buch, aber mit Augenzwinkern und humoriger Nachsicht. Da stoßen wir auf *Menschliches, Allzumenschliches* (F. Nietzsche) und müssen es „als unausrottbar zu unserer Spezies gehörig" schlicht und einfach hinnehmen.

Die Sexualität und ihre inneren Widersacher

Bei den sexuellen intrapsychischen Konflikten geht es um zwei sich widerstreitende Tendenzen, die sich beide im Inneren eines Menschen vorfinden nach dem Motto: „Zwei Seelen wohnen, ach, in meiner Brust!" Die betreffende Person ist mit sich selber uneins und hat zu ihrer Sexualität eine zwiespältige Einstellung: Auf der einen Seite steht ein sexueller Triebwunsch, auf der anderen eine Kraft, die „Nein" sagt, den sexuellen Vollzug ablehnt, bzw. blockieren möchte. Sex als menschliche Lebensäußerungen wird als negativ erlebt.

1. Das verinnerlichte Sexual-Verbot

Als klassische Konstellation – viel beschrieben und in früheren Zeiten weit verbreitet – gilt das sogenannte Über-Ich-Verbot. Der Betroffene beherbergt in seinem Kopf eine verbietende Instanz, einen Nein-Sager, der eine Sperre errichtet hat und das Ausleben von Sexualität blockiert. Diese Schranke kann religiös motiviert sein und vorehelichen Sex als Sünde hinstellen. Das Ideal und Gebot der Jungfräulichkeit und Keuschheit vor der Eheschließung gilt auch heute noch in vielen islamischen Staaten und Ländern der Dritten Welt. Das Verbot findet sich aber auch im moralischen Sittenkodex verschiedener Sekten.

Daneben finden wir auch eine Verpönung des Sexuellen außerhalb religiöser Vorstellungen. Kinder werden von sexuell verklemmten Eltern – warum auch immer – sexualfeindlich erzogen. Sex gilt ihnen als „Schweinskram", das weibliche und männliche Genitale als „pfui". Es wird in der Familie entweder niemals über Sexualität gesprochen oder es werden sexuelle Reize (Filme, Bilder, Witze, Zurschaustellung des nackten Körpers) sofort mit furchterregenden Zitaten oder Strafandrohungen gekoppelt, was zu negativen Konditionierungen führt. Die betroffenen Kinder müssen fast alles Triebhafte verdrängen und erwerben außerdem ausgedehnte Gehemmtheiten im sexuellen Bereich. Das Auftauchen sexueller Regungen löst bei ihnen sofort Ängste und Schuldgefühle aus, die wiederum ein genussvolles Erleben von Sexualität unmöglich machen. Im Falle eines Über-Ich-Verbots wird Sexualität als menschliche Lebensäußerung als solche infrage gestellt oder nur unter bestimmten Bedingungen zugelassen (ehelicher Sex).

2. Der sexuelle Vollzug steckt voller Gefahren

Hier wird zwar die Existenz des Geschlechtstriebes akzeptiert – es gibt ihn halt – aber seinem Ausleben werden mannigfaltige Gefahren unterstellt.

- Sexualität kann bereits vor ihrem Vollzug durch Krankheitsfurcht gehemmt sein: Mann/Frau kann sich eine Geschlechtskrankheit oder Blasenentzündung einfangen.
- Mann/Frau kann von Ekelgefühlen (männlicher Samen, Scheidensekret, schlechter Geruch, Schweiß, Stinkfüße) über-

fallen werden, sofort alle Lust verlieren und die liebe Not haben, die eigene Abscheu vor dem Partner zu verbergen.
- Mann/Frau kann von Scham heimgesucht werden, wenn er/sie sich zwecks Geschlechtsverkehr entblößt. Nun können seine/ihre körperlichen Mängel ans Tageslicht kommen, die er/sie bisher zu verbergen suchte. Die Frau schämt sich evtl. wegen ihrer „Hängebrüste", ihres Bauchspecks oder unschöner Schamlippen, er wegen seines zu kleinen oder krummen Penis oder weil er nur einen Hoden (Geburtsfehler) hat. Das Gefühl, körperlich nicht attraktiv oder wenig sexy zu sein, kann eine unbefangene Leidenschaftlichkeit behindern.
- Für ihn stellt jede Art von Geschlechtsverkehr eine Bewährungsprobe dar, jeder sexuelle Akt eine zu erbringende Leistung. Er leidet an gelegentlichen Erektionsstörungen und stellt sich vor jedem Liebemachen die bange Frage, ob er können oder sich blamieren wird. Er kann bereits im Vorfeld eines zärtlichen Liebesspiels nicht unbefangen loslassen und die Körperberührungen seiner Partnerin genießen. Alles spitzt sich für ihn auf die Frage zu, ob und wie er den heutigen Parcours unbeschadet überstehen wird.
- Eine Frau mit sexuellen Missbrauchserfahrungen in der Kindheit fürchtet sich vor dem Geschlechtsverkehr. Ihre Angst ist allerdings nicht offensichtlich. Gelegentlich genießt sie guten Sex und hat schöne Orgasmen. Aber manchmal tauchen während des sexuellen Vollzuges Erinnerungssplitter, mentaler oder körperlicher Art, aus ehemaligen Missbrauchshandlungen auf: Ihr Mann seufzt z.B. auf eine bestimmte Art, er berührt sie auf neue Weise, er macht eine ungewohnte Bewegung und schon überfällt sie ein *flashback*. Plötzlich erlebt sie sich wie in einer schrecklichen Situation von damals, schlägt um sich, stößt den nun Fremden, den Missbraucher von sich und ist total außer sich. Nur langsam findet sie in die gegenwärtige Wirklichkeit zurück und kann realisieren, wo sie ist und mit wem sie schläft. Für beide wurde das intime Beieinander abrupt unterbrochen und renkt sich auch zum gegenwärtigen Zeitpunkt nicht wieder ein. Beide sind frustriert und irgendwie unglücklich.

- Es gibt die Angst des Mannes vor der Frau! Sie muss nicht offen zutage liegen und dem Erleben voll zugänglich sein. Sie kann im Halbbewussten schlummern und nur dann gelegentlich durchbrechen, wenn sich der betreffende Mann mit der Verehrten in einer intimen Situation befindet. Aber wovor fürchtet sich der Mann? Es sind in erster Linie die Gefahren, die aus der Geschlechtlichkeit und der Verführungsmacht besonders schöner und leidenschaftlicher Frauen herrühren. Aus der Mythologie, aus Märchen, Sagen und der bildenden Kunst sind uns Frauengestalten bekannt, die diesen bedrohlichen weiblichen Aspekt verkörpern, die die Männer depotenzieren, kastrieren, von sich abhängig machen oder gar ermorden. Wir kennen sie unter den Namen: femme fatale, Sirene, Loreley, Circe etc.

Welch skurrile Blüten diese männliche Urangst treiben kann, möchte ich an dem Beispiel Gustave Moreau, einem im 19. Jahrhundert sehr berühmten französischen Maler, illustrieren, der in einem Bekenntnis über seine Gemälde: „*Chimären*" folgendes aussagt:

„Diese Insel der phantastischen Träume umfasst alle Formen der weiblichen Leidenschaft, Einbildungskraft und Launen. Die Frau in ihrem ursprünglichen Wesen, das Geschöpf ohne Bewusstsein, auf das Unbekannte versessen, das Geheimnisvolle, verliebt in das Böse in der Gestalt perverser, teuflischer Verführung, Kinderträume, Träume der Sinne, schauerliche Träume, schwermütige Träume, Träume, die Geist und Seele in die Leere der Welträume, in das Geheimnis des Schattens entführen, in allem muss man die Auswirkungen der sieben Todsünden spüren, alles ist in diesem Teufelskreis enthalten, in diesem Kreis der Laster und der sündhaften Begierden, vom scheinbar noch unschuldigem Keim bis zu den ungeheuerlichen todbringenden Blüten der Abgründe. Es sind endlose Züge verdammter Königinnen, die von der Schlange mit ihren verführerischen Reden kommen; es sind seelenlose Wesen, die am Wegrand auf den wollüstigen Bock warten auf dem die im Vorbeiziehen angebetete Unzucht reitet..."

Wir können nur erraten, wie angstvoll es in der Seele eines Mannes (in Bezug auf Intimität und Sex mit einer Frau) aussehen muss, für den das Weib: die Sünde, das Laster, die Unzucht und damit gekoppelt totbringende Abgründe verkörpert.

Ein besonderes Symbol für die Schreckensmacht des weiblichen Genitals ist die „Vagina dentata", die mit Zähnen bewaffnet, den Penis des Mannes abbeißen kann. Jüngst hat der bekannte Künstler und Bildhauer Bartsch – von ihm steht eine große Skulptur vor dem Henry Ford-Bau der Freien Universität Berlin – eine ganze Serie Metall-Plastiken mit einer Vagina dentata geschaffen.

Ich erinnere aus meiner Jugend, des Öfteren Männer gesehen zu haben, die ein Jackett trugen, dessen Kragenspitze mit einer Stecknadel bespickt war. Es ging das Gerücht, dass Frauen nach einem Geschlechtsverkehr ihren Liebhaber mithilfe ihrer Vagina festhalten, der Mann also von ihr nicht mehr los kam (Penis Captare). Um dennoch wieder frei zu kommen, musste man sie unverhofft mit einer Nadel pieken, um so den Krampf zu lösen.

Männer, denen das weibliche Geschlecht nicht geheuer ist, haben in der Regel sehr schlechte Erfahrungen mit ihrem primären Liebesobjekt gemacht. Manchmal tragen sie ihre desolate Mutter in Form eines „bösen Introjekts" mit sich herum, werden von diesem weiblichen Fremdkörper in ihrer Seele stark geängstigt und projizieren dessen Eigenschaften auf ihre jeweilige Partnerin. Dann kann es passieren, dass während des Geschlechtsverkehrs ihre Freundin die bösen Anteile der Mutter des Mannes verkörpert, gewissermaßen zu einer Hexe wird und nun den Hass ihres Liebhabers auf sich zieht.

Männer mit einer derartigen Verfasstheit haben manchmal die berechtigte Angst, mit einer Frau intim zu werden, weil sie während des Geschlechtsverkehrs den Durchbruch eigener, sehr heftiger Hassgefühle fürchten. Manche Prostituierten-Morde funktionieren nach dem eben dargestellten Muster.

3. Angst vor der Hingabe

Dieses Motiv sexueller Abwehr kommt nur dann zum Tragen, wenn der Protagonist neben der Angst vor der Hingabe, auch gleichzeitig den Wunsch und die Versuchung verspürt, sich hinzugeben. Bevor ich diesen Konflikt im einzelnen beleuchte, möchte ich kurz erklären, was wir an dieser Stelle unter Hingabe verstehen.

Hingebungsvolles Verhalten umfasst drei Aspekte:

Erstens: das Strömenlassen der Gefühle.

Im Akt der Hingabe können sehr unterschiedliche Emotionen losgetreten werden: nicht nur sexueller Rausch, Erregung und Entzücken, sondern auch Trauer, Schmerz, Gier, Wut, Verzweiflung und große Angst. Der Betreffende öffnet die Schleusen zu seinem Gefühlsreservoir und lässt sich von dem, was er fühlt, überschwemmen. Er wirft in diesem Moment seine Tarnungen ab und zeigt sein wahres Selbst mit all seinen Schwächen und Verletzungen. Es ist die Stunde der Wahrheit. Jetzt wird offenbar, wie der andere wirklich gestrickt ist und mit welchen unerledigten Problemen er sich unter Umständen rumschlägt.

Insofern wird die Sexualität zur Bühne, auf der sich auch andere Dramen uraufgefordert zur Darstellung bringen:

z.B.: Der sexuelle Akteur empfindet maßlose Gier. Er möchte seinen Partner buchstäblich auffressen, ihn ablecken, an ihm saugen, stundenlang küssen; bumsen bis die Genitalien wund sind; tagelang mit ihm nur im Bett verbringen; sein Gewicht spüren, die gleiche Luft mit ihm atmen und nicht aufhören, Körper an Körper zu spüren. Kommt Verlustangst hinzu, so will er ihn umklammert halten und nicht mehr aus seinen Armen lassen.

z.B.: Der sexuelle Akteur gerät unter dem Einfluss des Geschlechtsverkehrs in einen regressiven Sog. Er fühlt sich plötzlich wie ein kleines Kind, stößt kindliche Töne und Lall-Laute aus, strampelt, möchte jetzt total passiv sein, nichts mehr sprechen, sondern nur noch gestreichelt, geherzt, geküsst und wärmend umfangen werden von einer lieben Mami.

z.B.: Ein in Liebe und Zärtlichkeiten eingebetteter Geschlechtsverkehr kann alte, nie verheilte Wunden, wieder aufreißen. Der Betroffene wird von Traurigkeit und Schmerz übermannt.

Eine Patientin von mir begegnete zum ersten Mal in ihrem Leben einer ernstgemeinten Zuneigung und emotionalen Wärme bei einem Mann. Jedes Mal, wenn „sie Liebe machten", musste sie weinen, weil sie so gerührt und überwältigt von der Tatsache war, dass ein anderer Mensch sie wirklich wertschätzte.

z.B.: Der sexuelle Akteur wird während des sexuellen Aktes von Wutwellen überschwemmt. Eine bisher zurückgehaltene und auch vor sich selber verborgen gehaltene Feindseligkeit bricht sich plötzlich Bahn. Sie gilt allerdings nicht seinem Liebesobjekt, sondern der

Welt und all jenen Menschen, die ihm im Laufe seines Lebens so viel Leid und Ungerechtigkeit angetan haben. In seinem Partner hat er nun einen Zeugen dafür.

z.B.: Verzweiflung: Ein bisher verdrängtes, bzw. überspieltes Lebensgrundgefühl drängt ans Licht. Seine, unter dem Hingabe-Geschehen aufgeweichten Abwehr-Mechanismen können seine uralte, immer schon vorhandene Verzweiflung nicht mehr zurückhalten, sondern streiken nun und lassen seinen Gefühlen freien Lauf.

z.B.: Angst! Hingabe oder die Versuchung in dieser Richtung kann heftige Angst bei einem Menschen auslösen, dessen fragiles Selbst vom Zerfall bedroht ist, wenn ein mühsam gehaltenes Stützkorsett wegbricht. Echte Nähe in der Sexualität führt dann zur Gefahr des Selbstverlustes, weil die Persönlichkeit des/der Geliebten unter dem Eindruck eines starken Gefühls allmächtig und dominant wird und den Betreffenden aufsaugt.

„Von mir bleibt dann nichts mehr übrig!"

Zweitens: Hingabe schließt immer auch Kontrollverlust ein.

Der hingebungsvoll Liebende gibt seine Selbstkontrolle auf, und das ohne Rücksicht darauf, wie seine Gefühlsäußerungen und sein damit gekoppeltes Verhalten bei seinem Partner ankommen. Selbstvergessenes Agieren im Bett und im Beisein eines Zweiten kann unter Umständen merkwürdige Blüten treiben. Da kann die ganze Palette menschlicher Mimik und Gestik zum Einsatz kommen. Manche stöhnen in den höchsten Tönen beim Verkehr, stoßen spitze Schreie aus, reden dummes Zeug, äußern glühende Liebesschwüre, machen üble Zoten und böse Geständnisse, ja Heiratsanträge; erfinden merkwürdige Kosenamen: schluchzen, weinen, werfen sich auf den Rücken und liegen satt grunzend wie ein Baby da. Andere schwitzen, stinken, lassen ihre Fürze raus, verteilen nasse Küsse, begraben den anderen unter der Masse ihres Leibes, verabreichen Beckenstöße im Tempo eines Maschinengewehrs, kratzen, beißen, zeigen wutverzerrte oder überanstrengte Gesichter. Die Ahnung oder Antizipation von dererlei Verhaltensentgleisungen kann einen Liebenden in seinem Hingabewunsch hemmen.

Drittens: Hingabe ist immer auch an Vertrauen gekoppelt oder an die Illusion, man könne seinem Liebesobjekt vertrauen.

Gerade der eben besprochene Kontrollverlust in der Hingabe ist nur möglich, wenn man auf das Wohlwollen, die Wertschätzung und Akzeptanz durch den anderen vertrauen kann. Motto: „Egal, wer ich bin und wie ich mich verhalte, der andere mag und liebt mich." Wir wissen aus der Psychopathologie menschlicher Charaktere, dass es einen hohen Anteil an Personen gibt, die aufgrund liebloser, negativer Erfahrungen in der Kindheit eben kein Vertrauen in ihre Mitmenschen haben und die auch jedem Liebesobjekt erst einmal misstrauisch gegenüber stehen. Sich ihm auszuliefern, fällt ihnen total schwer. Unsere jetzt zu besprechenden Kandidaten besitzen nicht die Sicherheit und Reife, um eine souveräne Hingabe in der Sexualität zuzulassen. Sie möchten zwar, haben aber gleichzeitig Furcht davor, weil sie die Gefahr des Loslassens und der Kontrollaufgabe instinktiv spüren und dem anderen nicht vertrauen können. Worin bestehen nun diese Gefahren für sie:

- Loslassen heißt gleichzeitig auch immer, sich in körperlicher und seelischer „Nacktheit" zu präsentieren, sich dem Liebesobjekt in seiner wahren Gestalt und mangelhaften Natur zu zeigen. Das wird von Nicht-wenigen als ein Akt des Selbstverrates empfunden. 'Wenn er/sie wüsste, wer ich wirklich bin, dann würde sie/er schreiend davonlaufen!' denkt die selbstunsichere Person, die die Selbstoffenbarung im Akt der Hingabe scheut. Sie fürchtet, die Achtung und Liebe ihres Partners zu verlieren, wenn ihre wahre Identität ans Tageslicht käme.
- Die Offenlegung der eigenen vermeintlichen Mangelhaftigkeit ist immer auch eine Kränkung der Selbstliebe. Wer möchte sich selber schon vor Augen führen, wie mies er ist und wie schlecht es um ihn selbst bestellt ist. Dann lieber die Fassade wahren und die verborgenen „Schlammschichten" erst gar nicht aufwühlen.
- Angstmachen können auch die Heftigkeit und Tiefe der in der Hingabe losgetretenen Gefühle, weil sie einen, die Person überwältigenden Charakter haben.
- Der Betroffene erschrickt vor seiner eigenen Leidenschaftlichkeit, die ihn aus der Fassung bringt. Er erschrickt vor der

Macht des Anderen, die im Stande ist, ihn in eine solche heftige Gefühlsbewegung zu versetzen. Und wenn er obendrein den verzückten Tumult seiner Emotionen genießt und immer häufiger sehnsüchtig begehrt, dann besteht die Gefahr, vom Erzeuger dieser wunderbaren Gefühle abhängig zu werden. Und das möchte er um nichts in der Welt.

4. Sexuelle Lustbremsen

Als sexuelle Lustbremse können ganz generell verschwiegene negative Gefühle gegenüber dem Partner fungieren und einen Konfliktpol darstellen.
- Der Eine hat sich z.B. von seinem Ehepartner innerlich schon verabschiedet und bereitet seine Trennung vor, ohne seine Absicht bereits kundgetan zu haben.
- Ein Anderer hat eine heimliche Affäre, die ihn auch sexuell total gefangen nimmt. Er verspürt daneben keinerlei Lust, mit seiner angetrauten Hälfte zu schlafen.
- Ein Dritter hat immer schon und jetzt zunehmend mehr erhebliche Vorbehalte gegen seine Ehehälfte. Er mag sie nicht, er ist wütend auf sie, er verachtet sie oder hegt sogar Hassgefühle. Aber äußere Umstände zwingen ihn, die Verbindung aufrecht zu erhalten.
- Eine Frau antizipiert den quälenden Ausgang eines Beischlafs. Sie hat die Erfahrung gemacht, dass ihr der Geschlechtsverkehr Schmerzen bereitet oder dass sie aufgewühlt, aber total unbefriedigt zurückbleibt, während er sich gesättigt abwendet und einschläft. Sie hat kein bisschen Bock darauf, dieses häufig missglückte Experiment zu wiederholen.
- Es kommt vor, dass der Protagonist zwar Lust auf Sex hat, aber durch körperliche Übel oder skurrile Gewohnheiten des Partners abgestoßen wird und nicht in der Lage ist, diese Hemmschuhe anzusprechen. In der Erwartung, die gleiche Enttäuschung erneut erleben zu müssen, vergeht dem Betreffenden alle sexuelle Lust. Der Andere hat z.B.: Mundgeruch, üblen Achselschweiß oder Stinkefüße. Er stößt während des Verkehrs zu heftig zu, sie beißt ihn. Er betitelt sie mit vulgären Ausdrücken, die sie kränken; sabbert sie voll, furzt in ei-

ner Tour. Sie schreit wie ein angestochenes Kalb oder besteht darauf, dass er sie eine halbe Stunde lang bumst, was ihm große Mühe bereitet. Hierher gehören alle sexuellen Unverträglichkeiten, die den Spaß miteinander verderben. Zum Beispiel, wenn der eine immer dann will, wenn dem anderen gerade nicht danach ist, er erschöpft von der Arbeit zurückkommt. Wichtig an dieser Art von Hemmnissen ist die mangelhafte Kommunikation des Paares, bzw. die Furcht des Einen, diese Lustbremsen anzusprechen und gemeinsam auf Abhilfe zu sinnen.

5. Ein typisch weiblicher Ambivalenz-Konflikt: Das sexuelle Schein-Angebot

Wir wollen jetzt auf einen weiblichen Ambivalenz-Konflikt zu sprechen kommen, den ich besonders närrisch finde und der unter anderem Pate gestanden hat, meinem Buch den Titel: *„Oh, diese verrückte Liebe!"* zu geben. Bei diesem Konflikt, der in mehreren Spielarten auftritt, geht es darum, dass eine Frau ihrem Mann oder Freund oder potenziellen Verehrer ein sexuelles Angebot macht verbunden mit dem Wunsch, es nicht einlösen zu wollen. Sie benutzt die Sexualität als Manövriermasse, um ihren männlichen Part sexuell so richtig anzuspitzen, um dann aber, wenn es ihr geglückt ist, auszurufen: „April, April, so war es nicht gemeint!"

Der Frau geht es bei diesem Spiel der Anziehung und Abstoßung selber nicht um Sex, sondern um die Macht, ihre verführerische Weiblichkeit zu spüren und zu erproben. Sie möchte dem Mann durch ihr kokettes und sexuell aufreizendes Verhalten demonstrieren, wie begehrenswert sie doch ist und wie sehr er sich deshalb nach ihr verzehren sollte. Es kommt ihr darauf an, immer wieder ihren sexuellen Reizwert auszutesten und nicht darauf, realen Sex zu haben und zu genießen. Der von ihr in Stimmung versetzte Partner soll aber möglichst von ihrem sexuellen Angebot keinen Gebrauch machen. Sie selber hat häufig wenig Spaß am Sex, er ist für sie unter Umständen sogar angstbesetzt oder schmerzhaft. Es reicht ihr, seine Erregung zu spüren, um selber befriedigt zu sein. Deshalb muss sie ihrem Verführungsmanöver im zeitlich richtigen Abstand eine kalte Dusche folgen lassen, plötzlich indisponiert sein, Kopfschmerzen haben oder den Anderen durch liebloses Verhalten zurückstoßen, damit es nicht zum Verkehr kommt. Würde sie ihr Manöver dem potenziellen Sexpartner gegenüber in Worte fassen, dann lauteten sie wie folgt:

„Wenn du mich sexuell begehrst, und geil auf mich bist, bin ich zufrieden und will meinerseits keinen Sex. Es reicht mir, dein heftiges Begehren mitzubekommen. Ich verhalte mich dann spröde und abwehrend. Nur ab und an gebe ich deinem Verlangen etwas lustlos nach. Wenn du aber über eine längere Zeit, d.h. 3-4 Tage, keinen Bock auf mich hast, werde ich unruhig und zweifle an meiner weiblichen Attraktivität. In dieser Situation beginne ich – im Kino, auf Spaziergängen, beim Tanzen, im Fahrstuhl – mich dir gegenüber sexuell aufreizend zu verhalten. Sind wir dann Zuhause und bist du scharf auf mich, lasse ich es nicht zum Geschlechtsverkehr kommen, indem ich z.B. einen Streit vom Zaun breche."

Frauen dieses Zuschnitts haben häufig wenig Interesse an Sex, aber sie verwenden die Demonstration weiblicher Reize und verführerischer Gesten, um Futter für ihr Selbstwertgefühl und eine Bestätigung für ihre weibliche Identität zu erlangen. Es geht ihnen also nicht um die Befriedigung des sexuellen Triebes, sondern um narzisstischen Gewinn.

Sex als gedanklicher Sehnsuchtsort im Vorstellungsraum:
Der große Liebhaber als Erlösung

Die betreffende Frau wünscht sich leidenschaftlichen Sex, gibt aber der Männerwelt gleichzeitig zu verstehen, sie möge sie mit dieser lästigen Sexualität um Gottes Willen doch verschonen. Häufig handelt es sich in diesen Fällen um sexuell gestörte Frauen, die Angst vor Sex haben, noch nie einen Orgasmus hatten oder sexuell überhaupt nicht erlebnisfähig sind. Sie vermissen die Sexualität in ihrem Leben eigentlich nicht, da sie ihnen als Befriedigungsquelle noch nie zur Verfügung stand oder positive, lustvolle Erfahrungen vermittelt hat. Andererseits erleben sie sich im Vergleich mit anderen Frauen als Mängelwesen, denen dieses natürliche Potenzial an Daseinsfreude nicht gegeben ist. Sie empfinden sich selber daher als nicht-normal und haben aus diesem Grund Partnerprobleme und Schuldgefühle gegenüber einem Mann, weil sie ihm als Partnerin sexuell nichts bieten können und wollen. Aus diesem Dilemma gibt es allerdings eine Ausweg-Phantasie, die gleichzeitig mit einer

Heilserwartung verbunden ist. Die Lösung für sie wäre ein besonders talentierter Liebhaber.

„Ich wünsche mir einen sexuell leidenschaftlichen und potenten Mann, der einen Eisberg zum Schmelzen bringt und eine Frau so richtig auf Touren bringen kann, so dass ihr vor Lust Hören und Sehen vergeht."

Hinter diesem Wunsch steht die Vorstellung, eine besonders heftige sexuelle Energie auf Seiten des Mannes könne bei ihr den „Knoten zum Platzen" bringen und sie über Nacht in eine sinnenfreudige Frau verwandeln. Hier werden einem besonders begnadeten Traumpartner Heiler-Qualitäten zugeschrieben. Auf der anderen Seite lehnt die hier beschriebene Frau Sexualität als Teil ihres Lebens eigentlich ab. Sie ist ihr suspekt, schmuddelig, nicht geheuer. Paradoxerweise liebäugelt sie deshalb, neben ihrem Traum-Mann, mit einem Partner (und wählt ihn dann auch tatsächlich), der sexuelle Probleme und Erektionsschwierigkeiten hat und sie von der sexuellen Seite her nicht bedrängt; mit dem sie im Extremfall eine asexuelle Partnerschaft führen kann. Die Verbindung mit einem solchen Exemplar der männlichen Spezies hat außerdem den Vorteil, dass ihre eigenen sexuellen Handicaps nicht ruchbar werden und sie alle Schuld wegen ihrer ungeschlechtlichen Lebensweise auf seine „toten Hosen" schieben kann. Nicht sie, sondern er trägt die Verantwortung für die fehlenden Bettfreuden. Aber so, wie sie sich im Geheimen selber für ihre eigene sexuelle Unfähigkeit geringschätzt, so verachtet sie ihren behinderten Mann wegen dessen Impotenz und träumt an seiner Seite von dem großen Liebhaber, der sie sexuell überwältigt und glücklich macht. Ihre Tragik: Den sie ersehnt, kriegt sie nicht; den sie hat, mag sie nicht!

Drei männliche Ambivalenz-Konflikte

Wir wollen nun drei typische Ambivalenz-Konflikte besprechen, die speziell das männliche Geschlecht betreffen.

Fall Eins: Ein erfolgreicher Geschäftsmann hält die Zügel in seinem großen Betrieb fest und energisch in Händen. Er kann sich sehr gut durchsetzen und tritt selbstbewusst auf und gilt in seinem Bekanntenkreis als starke Persönlichkeit und der große Macher. Niemand ahnt oder vermutet, dass er im Intimbereich an seiner männlichen Geschlechtsrolle leidet. Selbst im Bett fühlt er sich verpflichtet, das typische Mann-Schema zu bedienen, nämlich: vital, aktiv und ein guter Liebhaber zu sein, der herzhaft zugreifen und seiner Frau zu einem gelungenen Orgasmus verhelfen kann. Er bemüht sich um diese männlichen Tugenden, obwohl er einen heftigen Widerwillen gegen sie empfindet. In Wahrheit hat er im Bett mit einer Frau ganz andere Bedürfnisse. Im Gegensatz zu seinem aktiven Leben draußen in der Welt, möchte er hier passiv sein, alle Viere von sich strecken und sich sexuell bedienen lassen, ohne sich im Geringsten um die sexuellen Wünsche einer Partnerin kümmern zu wollen. So ist er ständig hin- und hergerissen zwischen seinen angeblichen männlichen Pflichten, ein guter Liebhaber zu sein und dem Begehren nach grenzenloser Passivität. Er kann sich zu letzterem Wunsch aber nicht offen bekennen, weil er in seinen Augen verpönt und unmännlich ist, die Erwartungen einer Frau enttäuscht und ihn selber als ein Weich-Ei entlarven würde.

Fall Zwei: Der Schauspieler und Frauenheld Gerald F. spürt mit zunehmenden Jahren wie die physische Potenz seiner Sexualität immer mehr schrumpft und damit korrespondierend auch sein triebhaftes Begehren nachlässt. Auch er unterliegt dem normalen körperlichen Alterungsprozess und müsste sich eigentlich mit dieser Gesetzmäßigkeit abfinden. Sein sexueller Ist-Zustand zeigt nun mal auf „abnehmende Tendenz".

Gerald F. kann sich jedoch nicht in das Unvermeidliche fügen. Seine sexuelle Identität verharrt nach wie vor auf dem Stand und Zeitraum seiner besten Mannesjahre. Er will der „tolle Hecht" von gestern und vorgestern bleiben. Es entsteht jetzt die paradoxe Situation, dass sein Kopf auf sexuelle Abenteuer aus ist, während sein Unterleib dazu schweigt. Er möchte weiterhin die Freuden des Sexus erleben, erinnert sich an hinreißend leidenschaftlichen Sinnesgenuss in der Vergangenheit, kann aber sein gegenwärtiges, mental erzeugtes Begehren nicht durch echte sexuelle Begierde unterfüttern. So schwankt er zwischen der Notwendigkeit, sich mit seiner nachlassenden sexuellen Potenz abzufinden und entsprechend kürzer zu treten und dem heißen Wunsch, nach wie vor wilden und häufigen Sex zu suchen und zu haben (ohne dazu aber in der Lage zu sein).

Fall Drei: Wilfried M., ein kleiner, stiller Beamter, hat eine beruflich erfolgreiche, bei ihren Mitmenschen beliebte und obendrein sexuell attraktive Frau. Er fragt sich manchmal, wie er selber, aufgrund seiner bescheidenen Talente und seines durchschnittlichen Aussehens, zu so einer tollen Frau gekommen ist. Er empfindet zwischen ihr und ihm keine Gleichrangigkeit. „Die könnte einen viel schöneren und sozial höher-stehenden Mann kriegen", denkt er öfter bekümmert und fühlt sich in seiner Ehe alles andere als entspannt. Wilfried M. hat normale sexuelle Bedürfnisse. Er hat Spaß am Sex und schläft gerne mit seiner Ehefrau. Aber zunehmend macht ihm die fehlende „gleiche Augenhöhe" zu schaffen. Er neidet seiner Frau den Erfolg, ihre Beliebtheit und Lebensfreude. Er hat außerdem den Eindruck, dass auch ihr sexuelles Erleben intensiver ist als das seine, ihr Orgasmus sie fast hinwegschwemmt. Er fühlt sich ihr gegenüber benachteiligt, gönnt ihr nicht die reicheren Glückszuteilungen des Schicksals und ihre größeren Lebensmöglichkeiten. Die Leichtigkeit ihres Seins erweckt Neidgefühle in ihm. Die Asymmetrie ihrer Chancen findet er ungerecht. 'Und obendrein beschere ich ihr zu all dem Reichtum noch die schönsten sexuellen Genüsse', denkt er verbittert und findet das des Guten zu viel. Zunehmend gerät er in einen echten inneren Konflikt: Sich selbst sexuelle Befriedigung zu verschaffen und damit – zwangsläufig verbunden – auch ihr. Oder selber auf eigene sexuelle Befriedigung zu verzichten, dadurch auch der Ehefrau den Sex-Hahn zuzudrehen, damit ein Stückchen Gerechtigkeit herzustellen und diesen Umstand zu genießen.

Wir können dieses besondere Konflikt-Muster verallgemeinern:

Überall da, wo ein Mensch die funkelnde Lebenslust und die besonderen Lebens-Chancen seines Partners beneidet und als Ungerechtigkeit zu seinem Nachteil empfindet, kann er ihm durch die Verweigerung von Sexualität wenigstens eine Befriedigungsquelle entziehen. Er tut dies dann auch zu seinem eigenen Schaden (er muss ja auch auf Partner-Sex verzichten) und wird deshalb in den hier beschriebenen Ambivalenz-Konflikt geraten.

Die Sexualität und der weibliche Macht-Ambivalenz-Konflikt
Menschliches Machtstreben kennt gesunde Betätigungsweisen, kann aber auch eine neurotische Kompensationsform darstellen.

Politischer Gestaltungswille im Rahmen eines politischen Amtes, Führungsaufgaben an der Spitze eines Unternehmens oder Befehlsgewalt im militärischen Bereich enthalten Machtbefugnisse, die durch die besondere Stellung des Amtsinhabers in einer hierarchisch gegliederten Institution vergeben werden. Hier ist Machtstreben legitim, notwendig und gesund.

Wir beschäftigen uns an dieser Stelle allerdings mit dem neurotischen Drang nach Selbstdurchsetzung, der eine Ohnmachtserfahrung seines Trägers zum biografischen Hintergrund hat. Die hier gemeinten Personen haben soziale Situationen der eigenen Hilflosigkeit erlebt oder sind gegängelt, gedemütigt oder in der eigenen Selbstentfaltung durch den Willen eines anderen stark eingeschränkt worden. Sie haben sich damals als Opfer gefühlt. Nun streben sie im Erwachsenenalter eine dominante Position an, um das alte Elend von früher nicht noch einmal durchmachen zu müssen. Heute wollen sie das Sagen haben und achten deshalb sorgfältig darauf, wo und wie jemand anderes sie einschränken möchte. Manche Streit-Ehen speisen sich aus dem Umstand, dass beide den Ton angeben, beide rechthaben und beide ihre Belange durchsetzen wollen und nicht bereit sind, Kompromisse einzugehen.

In Partnerverbindungen finden wir manchmal die ungenierte Dominanz eines Protagonisten, aber auch sehr sublime Formen versteckter Manipulation durch den Anderen. Es gibt Konstellationen, wo sich der Überlegenheitswille eines Menschen hauptsächlich im Sex austobt und die Sexualität zum Medium wird, die eigenen Vorstellungen und Spielregeln durchzusetzen.

Weibliches Machtstreben in der Sexualität

Die hier zu beschreibenden Frauen haben entweder im Laufe ihres Lebens persönliche Ohnmachts-Erlebnisse durchstehen müssen oder sich als Erwachsene mit den kollektiven Ohnmachtserfahrungen des weiblichen Geschlechts identifiziert und sind nun in die kämpferische Rolle der emanzipierten Frau geschlüpft, die akribisch darauf achtet, dass kein Mann sie zurücksetzt oder bevormundet. Wie sich diese Einstellung in ihrer Sexualität auswirkt, wollen wir jetzt aufzeigen:

Martina P. wuchs zusammen mit zwei älteren Brüdern als ungewolltes Kind an der Seite einer schwachen, wehleidigen und häufig kranken Mutter und eines raubeinigen wortkargen, aber sehr dominanten Vaters auf. Sie wurde von ihren Brüdern häufig unfair attackiert, gehänselt und in eine Aschenputtel-Rolle gedrängt. Die Mutter zog ihre Söhne vor. Das von Geburt an recht vitale Mädchen entwickelte trotz diverser Einschränkungen eine kämpferische Haltung gegenüber dem Leben. Es wollte nie so wie ihre unsichere, angepasste, dem Manne untertane Mutter werden, sondern eine starke Frau. Bezeichnenderweise heiratete sie später – ganz im Kontrast zum väterlichen Charakter – einen stillen, introvertierten und körperlich zarten Mann, von dessen Seite keine Gefahr für sie drohte. In der Sexualität gab sie den Ton an und bestimmte, ob und wann und wie Liebemachen stattfinden sollte. Sie lehnte für sich die Missionarsstellung ab und wählte stets die hockende Position auf dem Körper des unter ihr liegenden Mannes. Diese Stellung ermöglichte es ihr, den Rhythmus und die Heftigkeit des Geschlechtsverkehrs nach ihren Wünschen zu gestalten. Trotzdem war Martina mit der von ihr praktizierten Sexualität nicht zufrieden. Ein übertriebener Selbstbehauptungswille und Dominationsanspruch ihrerseits hatte ihren Ehemann in eine immer passivere Rolle gedrängt. Martina war die Herrin des Geschehens und tat, was sie wollte. Aber zu ihrer eigenen Verwunderung wurde sie in zunehmendem Maße von Hingabe- und Vergewaltigungswünschen überschwemmt. In ihren präorgastischen Phantasien nahm sie die passive Rolle im Sex ein, sah sich als schwaches und anpassungswilliges Weibchen, das vom sexuellen Furor eines rücksichtslosen Liebhabers überrollt wurde und mit Freude die Wonnen des Überwältigt-Werdens genoss.

Um gleich ein Missverständnis auszuräumen: Martina wollte nicht tatsächlich von einem Mann real vergewaltigt werden. Das Bild der Vergewaltigung diente hier nur als Metapher für ihren Wunsch, in der Liebe mal die Kontrolle abzugeben und sich ganz dem Fluss der eigenen strömenden Gefühle überlassen zu können. An dieser Stelle brach sich ein bisher von Martina vernachlässigter Aspekt ihrer Persönlichkeit Bahn und pochte auf seine Daseinsberechtigung.

Martina hatte im Umfeld eines harten Elternhauses nie ihre weiche, hingebungsvolle weibliche Seite entwickeln können, sondern einseitig auf Durchsetzungskraft und Eigenaktivität gesetzt. Im Rahmen des sexuellen Vollzuges meldete sich nun diese bisher nicht gelebte Seite und aktivierte entsprechende Phantasien. Martina geriet in einen Ambivalenz-Konflikt: sie wollte weiterhin die bestimmende Rolle behalten, wollte aber andererseits sexuell überwältigt werden von ihrem Mann. Er sollte das Ruder übernehmen, sie einfach mal schnappen, auf den Rücken legen und mit ihr zusammen seinen Spaß haben. Da aber beide Impulse gleichzeitig andrängten, ließen sie sich nicht abwechselnd ausleben: mal der eine und später der andere. Ihre Sexualität blieb zutiefst widersprüchlich und triggerte ihre ständige Unzufriedenheit. Dieses Ungenügen am Sex übertrug sich natürlich auch auf ihren Mann. Er sollte willfähriges Weich-Ei und gleichzeitig kraftstrotzender Macho in einer Person sein, kann dieses Kunststück aber nicht vollbringen.

Es gibt neben der hier beschriebenen weiblichen Machtkonstellation allerdings noch eine weit weniger offensichtliche. Sie wird im Gegenteil von sehr selbstunsicheren, wenig durchsetzungsfähigen, ja schwachen Frauen eingenommen. Gemeint ist die sexuelle Verweigerung einer Frau als letzte, noch verbliebene Bastion von weiblicher Selbstbestimmung.

„Wenn ich auch sonst in fast allen Bereichen unserer Paarbeziehung meinem Freund (Ehemann) unterlegen bin, mich ihm anpassen und auf eigene Wünsche verzichten muss, ob Sex stattfindet, bzw. nicht stattfindet, entscheide ich!"

Diese Regulierung durch den weiblichen Part erfolgt allerdings nicht mithilfe eines freimütig geäußerten Neins. Die betroffene Frau traut sich gar nicht, offen Nein zu sagen und den Wünschen des Mannes einen direkten Widerstand entgegen zu setzen. Sie muss ihre Weigerung in den meisten Fällen hinter plausiblen Ausreden verstecken, Krankheit oder Unpässlichkeit vortäuschen, um auf diese Weise aus der Schusslinie zu geraten.

Aber ihre Genugtuung bleibt: „Hier, an dieser Stelle, passiert das, was ich möchte. Hier bestimme ich!"

Sexualität und der männliche Macht-Ambivalenz-Konflikt

Wir wollen jetzt einen speziellen Männertyp besprechen, der sich u.a. durch ein stark reduziertes Selbstwertgefühl auszeichnet. Gemeint sind selbstunsichere Männer mit ausgedehnten Insuffizienz-Gefühlen. Sie beschäftigt die bange Frage, ob sie überhaupt die Zuneigung einer Frau verdienen, da sie sich selber ihres Wertes als

Mensch und als Partner total unsicher sind. Im Anziehungsbereich der Geschlechter spielt Sexualität für sie eine zentrale Rolle. Für sie sind Liebe und Sexualität identisch. Ein weibliches Wesen liebt, ihrer Meinung nach, umso mehr, je häufiger sie zum Geschlechtsverkehr bereit ist.

Mit der ständigen emotionalen Labilität dieser Männer gehen zwei partnerbezogene Schwächen einher: Verlustangst und Eifersucht. Wer sich seiner selbst nicht sicher ist, kann sich auch der beständigen Zuneigung eines weiblichen Liebesobjekts nicht sicher sein und wird deshalb in der ständigen Furcht leben, von erfolgreicheren männlichen Konkurrenten ausgestochen zu werden. Da diese Männer ihre eigene Liebenswürdigkeit so fundamental infrage stellen, aber gleichzeitig auf die Liebe einer Frau so dringend angewiesen sind, müssen sie eine Lösung für diese quälende Situation finden. Im Machthaben und Bestimmenkönnen bietet sich ihnen ein Ausweg an. Macht stellt ein Bollwerk dar gegen die Verlustangst und die daraus entspringende Eifersucht. Sie garantiert in gewissen Grenzen auch die Besitzstandwahrung. Die durch einen Mann eingeschüchterte und dominierte Frau wagt es in der Regel nicht, sich dem Einflussbereich ihres „Liebsten" zu entziehen, sich zu trennen oder sich anderweitig zu verweigern. Sie gibt dem Mann, was er von ihr haben möchte. Er selber kann sich das nehmen, was er sonst freiwillig so niemals bekommen würde. Macht erlaubt Selbstbedienung!

Aber die durch Dominanz in einer Verbindung gehaltene Frau beschert dem machtausübenden Mann auch diverse Nachteile. So kann er sich niemals sicher sein, ob die Gewährung von Sexualität auf der Basis von Zuneigung geschieht, also echt ist, oder das Produkt seiner Einschüchterung. Macht erzeugt nicht selten Angst bei der Frau und diese wiederum schafft Distanz zwischen dem Paar und verhindert Gleichrangigkeit in der Beziehung. Es entsteht keine wirkliche Nähe und gegenseitige tiefe Berührung.

Der narzisstisch beeinträchtigte und gleichzeitig überkompensatorisch dominante Mann krankt unter Umständen an einem noch schmerzlicheren Problem. Er benötigt Macht, um die eigene emotionale Schwäche (Er selbst kann wenig echte Liebe und Herzenswärme spenden und besitzt selbst ein großes emotionales Defizit) im tröstlichen Dunkel der Verdrängung halten, aber auch um eine

Frau an sich zu fesseln. Gleichzeitig möchte er aber seine Machtposition aufgeben, weil er die Versuchung spürt, einer vollbusigen Mami bettelnd an die Brust zu sinken und ganz viel Nestwärme, Liebe und Akzeptanz zu erflehen. Passive Versorgungswünsche und starke regressive Bedürfnisse treiben ihn an, bei einer liebenden Mutter unterzukriechen, hier eine abhängige, nicht-erwachsene Position einzunehmen, um endlich das aus der Kindheit mitgeschleppte emotionale Defizit auszugleichen. Er ist Herr und Untertan zugleich, erzwingt Sexualität, möchte aber in Wahrheit Mutterliebe. Ein quälender Ambivalenz-Konflikt.

Nicht selten kommt es in einer männlich dominierten Beziehung vor, dass der Mann Gewalt anwendet, seine Partnerin schlägt und zum Sex zwingt. Häufig duckt sich die misshandelte Frau danach nicht einfach weg, sondern droht mit Trennung oder entzieht ihrem Peiniger vorübergehend ihre emotionale Wärme und Zuwendung. Manchmal muss der Täter auch eine moralische Anklage über sich ergehen lassen oder eine andere Strafe. Dann kann es passieren, dass der Macho von eben ganz klein wird und seine Frau unter Tränen um Verzeihung bittet und Besserung gelobt. Jetzt zeigt sich, wer hinter der Fassade aus Machtgebaren in Wahrheit steckt: ein Würstchen mit vielen Ohnmachts-Erfahrungen.

Ungebundene versus eingebundene Sexualität

Es wird jetzt eine spezielle Variante des weiblichen Autonomie-Abhängigkeits-Konfliktes zur Darstellung kommen, die ihrem Erscheinungsbild nach stark sexuelle Züge trägt und deshalb unter der General-Überschrift „Sexualität" abgehandelt werden soll.

Eva Illouz beleuchtet in ihrem Buch *„Warum Liebe wehtut"* (Suhrkamp, 2012) einen modernen, nicht-neurotischen Autonomie-Abhängigkeits-Konflikt bei jungen Frauen, der eine Antwort darstellt auf die Bindungsangst der heutigen Männer in der westlichen Welt und deren Neigung zu serieller Sexualität. Weil viele Männer das Eingehen von Bindungen in der Gegenwart scheuen und ihre sexuellen Bedürfnisse in oft flüchtigen und wechselnden Paarbeziehungen absättigen, bleiben die Bindungswünsche vieler Frauen, gekoppelt mit dem Wunsch, eine Familie zu gründen und Kinder zu haben, unbefriedigt. Moderne junge Frauen geraten auf der Partnersuche immer wieder an bindungsunwillige Männer, die den schnellen sexuellen Kick suchen, aber Angst davor haben, sich auf eine Frau festzulegen und Verantwortung für eine zu gründende Lebensgemeinschaft zu übernehmen. Das weibliche Bedürfnis nach einer dauerhaften und tiefen emotionalen Verbundenheit mit einem Partner bleibt unerfüllt. Aus Trotz und Enttäuschung verzichten diese frustrierten Frauen dann auf Liebe, legen sie gewissermaßen auf Eis, halten sie für unmöglich. Sie verfallen der sog. Saure-Trauben-Reaktion. Weil die süßen Trauben für den Fuchs zu hoch hängen, erklärt er sie kurzerhand für sauer und deshalb für nicht mehr begehrenswert.

„Ich komme ohne Liebe und Verbindlichkeit aus. Ich bekämpfe mein Bedürfnis, geliebt zu werden; Männern gegenüber bin ich gleichgültig und distanziert." (Zitat aus Illouz, S.199-201).

Aus dem Gefühl eines rachsüchtigen Triumpfes heraus imitieren manche Frauen den männlichen Umgang mit Sex, praktizieren wie diese serielle, d.h. ungebundene Sexualität, erobern und „schleppen" männliche Sexualobjekte ab, belassen es aber häufig bei einem one-night-Stand. Motto: „Was ihr könnt, können wir auch!"

Da sie als junge Frauen per se über ein hohes Sexualkapital verfügen, sind männliche Sexualpartner für sie leicht erreichbar. Sie führen ein scheinbar locker-lustiges Leben ohne Verbindlichkeiten und jeglichen Tiefgang. Aber da gibt es noch die andere Seite der Medaille! Die verdrängten Beziehungs- und Bindungswünsche befinden sich zwar in der Versenkung, sind aber weiterhin existent und steuern im Geheimen die wahren Bedürfnisse der betreffenden Frauen.

In Wirklichkeit sehnen sie sich nach Sex, der eingebunden ist in Liebe, Exklusivität, in Dauer und Verbindlichkeit. Und zu diesem Gefühlswunsch existiert auch eine Phantasie, die sie aus ihrer Misere erlösen könnte: „Irgendwo auf der Welt" – so denken und hoffen sie – „gibt es ihn, den wahren, den eigentlichen Mann, den Traum-Partner für mich, und wenn ich dem begegne, wird alles gut!" Und während sie sich manchmal recht wahllos durch viele Betten schlafen und es den heutigen Männern heimzahlen („Denk ja nicht, dass du mir was bedeutest!") halten sie mit sehnsüchtig geweiteten Augen ständig Ausschau nach dem Einen, dem sie treu sein und dem sie ganz viel echte Liebe schenken möchten.

Vier typische Furchtmotive im Rahmen weiblicher Sexualität

Wir besprechen diese vier Motivlagen deshalb unter einer gemeinsamen Überschrift, weil wir es hier mit Frauen zu tun haben, die den Sex mögen und ihn genießen können, aber trotzdem Probleme mit ihm bekommen.

- Die Furcht, als Sexualobjekt missbraucht zu werden.

Claudia liebt ihren Freund.

Im Rahmen dieser Liebe schläft sie auch gerne mit ihm und genießt die dabei entstehende intensive Körperlichkeit und Nähe. Andererseits ist sich die junge Frau der Zuneigung ihres Freundes nicht sicher. Er gibt sich wenig Mühe, um sie zu werben, ihr eine Freude zu machen oder auf sie und ihre Wünsche einzugehen. Offenbar vermisst er sie auch nicht sonderlich, wenn sich beide aus äußeren Umständen bedingt, eine Woche oder länger nicht treffen können. Manchmal weist er sie schroff zurück oder verletzt sie durch frauenfeindliche Kommentare. Er hat noch nicht ein einziges Mal „Ich liebe dich!" gesagt. Wenn sie beide in seiner oder ihrer Wohnung sind, steuert er sehr schnell und direkt auf Sex zu. Auf Unpässlichkeit ihrerseits, z.B. wenn sie ihre Periode hat und keinen Geschlechtsverkehr möchte, reagiert er mit schlechter Laune oder Gekränktsein. Sie erlebt sich zunehmend als sein Sexualobjekt und fühlt sich in ihrer Weiblichkeit von ihm missbraucht. Für ihn zählt nur ihr Unterleib, nicht sie als Mensch mit einer bestimmten Wesensart. Und obwohl sie dem Sex grundsätzlich nicht abgeneigt ist, kommt sie allmählich in eine abwehrende sexuelle Haltung und wird immer unsicherer in der Frage, ob sie seinem Drängen nachgeben soll oder nicht?

- Fremdsteuerung versus Eigensteuerung

In diesem Fall geht es um einen typischen Normenkonflikt und nicht darum, ob Sexualität auf Seiten der Frau grundsätzlich problembeladen ist oder gar abgelehnt wird. Der psychologische Terminus „Fremdsteuerung" umfasst zwei Aspekte:

Er meint einmal all die Erwartungen, die von außen an einen Menschen herangetragen werden. Und er beschreibt zweitens den Umstand, dass dieser Mensch sich diese Erwartungen zu eigen gemacht hat, sie verinnerlicht und sein Verhalten danach ausrichtet. Bei diesen Erwartungen kann es sich um gesellschaftliche Normen im Sinne von „Das tut man, das ist normal!" handeln oder aber um eine selbstverständlich anmutende Forderung, die der Geschlechtspartner an sein Liebesobjekt richtet.

Noch vor 50 Jahren galt die berühmte Martin-Luther-Empfehlung, zweimal wöchentlich Geschlechtsverkehr zu haben, sei normal. Der heutige Zeitgeist dagegen drängt auf unbekümmertes und leidenschaftliches Ausleben von Sexualität und sagt: „Mehr noch ist besser als viel!"

Eine Frau, die mit solchen Imperativen häufig genug konfrontiert wird, kann sie verinnerlichen und als allgemein gültig erleben, obwohl ihr eigenes sexuelles Temperament dagegen spricht. Wenn es nämlich nach ihren eigenen sexuellen Bedürfnissen ginge, würde sie weniger häufig sexuellen Verkehr haben wollen. Ihre eigene sexuelle Norm steht den zeitbedingten entgegen. Ein Ambivalenz-Konflikt entsteht immer dann, wenn sich die beiden unterschiedlichen Gebote in die Haare bekommen und die betroffene Frau das Dilemma erlebt: „Muss ich den äußeren Erwartungen entsprechen – dem Zeitgeist, den Erwartungen meines Partners – oder darf ich selber bestimmen, wie oft mir nach Sex zumute ist?" Hier taucht die Frage auf, ob es erlaubt und moralisch einwandfrei ist, dem eigenen inneren Kompass zu folgen? Ober ob es ein Zeichen von Egoismus darstellt, wenn man das tut und deshalb verwerflich?

- Selbstbestimmung versus Angst vor Liebesverlust

Bei dieser emotionalen Ambivalenz bilden gleich zwei Angstmomente die beiden Pole eines Konfliktes:

Mia ist im Schatten eines sehr dominanten Vaters aufgewachsen. In Reaktion auf sein sehr strenges Erziehungsverhalten hat sie einen ausgeprägten Drang nach Selbstbehauptung und Selbstbestimmung entwickelt. Alles, was im Entferntesten nach Zwang oder Bevormundung aussehen könnte, erweckt ihren vehementen Widerstand. Auch die an sie herangetragenen sexuellen Wünsche ihres Freundes erlebt sie oft als eine Art von Müssen. Sie soll seinen Bedürfnissen entsprechen und ihm zu Willen sein, wann er es möchte. Wenn sie ihm nachgibt, empfindet sie ihren Selbstbestimmungsanspruch verletzt. 'Männer entscheiden, dass etwas passiert und Frauen haben dem zu folgen!' denkt sie leicht empört und beschließt im gleichen Atemzug, mit sich dergleichen nicht machen zu lassen. Aber sofort gerät sie in Schwierigkeiten. Mia schätzt die Nestwärme im Rahmen einer vertrauensvollen und innigen Beziehung. Emotionale Intimität mit einem Partner besitzt einen hohen Stellenwert für sie. In dem Moment, wo sie sich sexuell verweigert, fürchtet sie um Liebesverlust und das Zerbrechen der vertrauten Harmonie. Sie ist jedes Mal hin und hergerissen zwischen der Frage, welches von beiden Übeln wohl das kleinere sei und für welche Handlungsoption sie sich wohl entscheiden sollte: trotz des eigenen inneren Widerstandes mitmachen oder sich sperren und damit den ehelichen Frieden zu gefährden?

Übrigens: Furcht vor Liebesverlust und Trennungsangst sind generell zwei mächtige Motive, aus denen heraus Frauen Sexualität zulassen, obwohl sie selber im Moment nicht in Stimmung sind!

- Die Wahl des kleineren Übels:
Lieber den ungeliebten Sex als verlassen zu werden.

Elli erlebt ihre Ehe als konfliktreich und wenig befriedigend. Es fehlen Nähe und Zärtlichkeit. Weil ihre Beziehung so schlecht läuft, hat sie keine Lust auf Sex, sondern eher einen Widerwillen dagegen. Ihr Mann hat es – ihrer Meinung nach – nicht verdient, mit ihr zu schlafen, so wie er sich im Alltag ihr gegenüber verhält: lieblos und unempathisch. Sie verweigert sich ihm sexuell, nimmt dafür aber in Kauf, dass er schlechte Laune hat, unausstehlich wird, mit Fremdgehen droht und ihre eheliche Verbindung zu zerbrechen droht. Aus Angst vor einer möglichen Trennung – schon der Gedanke daran jagt ihr einen mächtigen Schreck ein – beschließt sie aber, ihrem Mann nachzugeben.

'Ich verweigere mich nicht und nehme die unguten Gefühle beim Geschlechtsverkehr tapfer auf mich, um unsere Beziehung zu erhalten. Damit erkaufe ich mir seine gute Laune und den Bestand unserer Ehe!'

Elli ist ständig hin und hergerissen zwischen diesen beiden Optionen: Wenn sie Geschlechtsverkehr hat, denkt sie währenddessen, sie hätte lieber Nein sagen sollen. Wenn sie ihren Mann aber in der ersten Aufwallung ihres Unwillens abgewiesen hat und anschließend allein und zittrig in ihrem Zimmer sitzt, denkt sie: 'Ich hätte ihm doch nachgeben sollen, dann wäre ich jetzt beruhigter!'

7
Interpersonelle sexuelle Konflikte

Wir kennen drei unterschiedliche Konfliktarten:
intra-psychische, interpersonelle und zwischenmenschliche (intersubjektive). An dieser Stelle wollen wir uns den interpersonellen zuwenden. Bei dieser Art eines Konfliktes existieren – wie bei allen Konflikten – zwei sich widerstreitende Tendenzen, und zwar beide in der Seele einer Person.

Interpersonelle Konflikte sind, ihrem Ursprung nach, erst einmal intrapsychische. Das konflikthafte Geschehen spielt sich im innerseelischen Raum eines Einzelnen ab. Zwecks Lösung dieser quälenden Konfliktspannung verlagert sein Träger aber einen Konfliktpol nach draußen. Aus einem Ein-Personen- wird ein Zwei-Personen-Vorgang, ein Paar-Konflikt. Das wirkt entlastend auf denjenigen, der an diesem inneren Widerstreit leidet, weil er nun gegen sein Liebesobjekt wettern und die Schuld für die auftretenden Probleme beim Anderen verorten kann. Der hier zu beschreibende Mechanismus wird aber nicht aus purer Bosheit in Szene gesetzt, sondern geschieht zu Selbstentlastungszwecken weitgehend unbewusst. Der Akteur ist sich darüber nicht im Klaren, was er eigentlich tut und seinem Partner damit zumutet. Das nachfolgende klassische Beispiel wird dem Leser den hier gemeinten Kunstgriff der Seele sehr schnell verständlich machen. Es läuft immer nach dem gleichen Schema ab: „Nicht ich habe sexuelle Probleme, du hast sie!" Bei den folgenden Beispielen ist es meistens die Frau, die wenig oder gar keine Lust auf Sex hat, nicht kann oder nicht will, Schmerzen beim Geschlechtsverkehr empfindet, moralische Skrupel verspürt, d.h. Sex für Schweinskram hält oder ihrem Partner die sexuelle Befriedigung nicht gönnt, weil sie eine unbewusste, verschwiegene Feindseligkeit gegen das andere Geschlecht in sich trägt und auf Rachenahme aus ist.

Weibliche Sexualabwehr macht Männer impotent

Renate, die Ehefrau von René, die an diesem Gefühlsmuster krankt, bringt es nicht fertig, ihrem Partner eine offene Abfuhr zu erteilen und ihm den Sex zu verweigern. Sie sagt nicht: 'Du, ich habe keine Lust. Ich mache mir grundsätzlich nichts aus Sex. Eigentlich bin ich auf deine sexuelle Genussfähigkeit neidisch, da ich selber dem Gerammel nichts abgewinnen kann. Ich selber empfinde beim Geschlechtsverkehr so gut wie gar nichts, manchmal sogar nur Schmerzen. Am liebsten, du lässt mich in Ruhe damit.'

Aus verständlichen Gründen wagt sie es nicht, ihre eigene sexuelle Insuffizienz offen zuzugeben, weil es ihre Weiblichkeit entwerten würde und sie Angst haben müsste, ihren Mann zu verlieren. Wer gibt sich schon mit einer absoluten Niete im Bett zufrieden? In ihrer Not und manchmal auch aus Gründen einer verdeckten Männerfeindschaft überträgt sie ihr Problem auf den Partner: Nicht sie ist frigide, sondern er ist ein Schlappschwanz! Um diese Wende in der Beurteilung der sexuellen Paar-Situation herbeizuführen, muss sie aber offene oder subtile Destruktionsarbeit leisten. Sie wird den Geschlechtsverkehr erst einmal bereitwillig zulassen, aber währenddessen Signale des Unmuts von sich geben. Diese können verbaler Natur sein oder aber in Form von Mienen, Gesten und Gebärden daherkommen, die allesamt einen verstörenden Charakter für ihren Mann haben und ihn, bzw. den Sex abwerten.

„Aua, du tust mir weh!"

„Reite doch nicht wie ein Alt-Hippie auf mir rum."

„Stöhne doch nicht so wie ein Huhn beim Eierlegen."

„Du müsstest mal dein Gesicht sehen: als ob du in eine saure Gurke beißt!"

Sie kann ihn auffordern, „endlich fertig zu werden" oder sie wird das Vorspiel zu lange ausdehnen und ihn erst dann in sich eindringen lassen, wenn er kurz vor dem Orgasmus steht. Jetzt kann sie seine mangelnde Ausdauer beklagen.

Sie stößt währenddessen kleine, spitze Seufzer der Enttäuschung aus, liegt antwortlos und ohne Resonanz auf seine Bewegungen da, begegnet ihm mit leeren Blicken oder fällt in einen Halbschlafmodus. Manchmal bricht sie den Verkehr mitten im schönsten Getümmel abrupt ab, weil sie ganz plötzlich Kopfschmerzen oder schlechte Laune bekommen hat oder an einen Streit mit ihrem Mann denken muss und jetzt darüber Wut empfindet.

Schon vor dem Koitieren nennt sie ihn scherzhaft „mein Feierabend-Cowboy", bezeichnet Sexualität als „geistloses Gezappel" und spottet über seine Absicht „mal wieder Sexualzauber machen zu wollen." Hinterher macht sie sich über seine „Grinsebacken" lustig und sagt: „Was wir beide so immer treiben, ist doch auch nur geballte Durchschnittlichkeit!"

Das eigentliche Verhängnis in puncto Paar-Sexualität naht aber dann, wenn René situations- oder stressbedingt mal indisponiert ist und keine anständige Erektion zuwege bringt. Statt ihm zu helfen, diese temporäre Schwäche zu überwinden oder humorvoll zu akzeptieren oder kleinzureden („Macht doch nichts!"), bauscht Renate sie auf, macht ein ernstes Symptom daraus oder ergießt Spott über ihn: „Na ja, auch nicht mehr der Jüngste. Wohl alles Pulver verschossen!" „Hu, so'ne schlappe Nudel anzufassen, mag ich nicht. Da kriege ich beinahe 'ne Gänsehaut."

Wenn erst einmal diese Versagens-Erfahrung bei René aufgetreten ist, entsteht ein circulus vitiosus. Er entwickelt Versagens-Angst und die negative Erwartung, beim nächsten Mal wieder das gleiche Problem zu bekommen. Seine Frau tut nun alles, um ihn in seiner Furcht zu bestätigen, indem sie auch ihrerseits drohendes Unheil befürchtet. Sie sagt: „Na, nächste Woche zeigst du mir aber, was für ein wilder Stier du bist. Die Schlappe von heute wirst du hoffentlich wieder auswetzen, oder?" Indem sie ihn spöttisch zum wilden Stier macht, also seine Potenzstärke übertreibt und damit einen hohen Anspruch setzt, aber gleichzeitig ein skeptisches Oder? damit verbindet, baut sie René's Selbstbewusstsein noch weiter ab. Diese Erwartung kann er von vorne herein nicht erfüllen. Der Abwärtstrend nimmt seinen Lauf.

In der Folgezeit kann Renate gleich zwei Trümpfe ausspielen: a) von ihrer eigenen sexuellen Lustlosigkeit ablenken und sie auf diese Weise verschleiern und b) René's sexuelles Versagen bemängeln, sich selber als sexuell darbendes Opfer darstellen und ihrem Mann die schuld an dieser Misere zuschreiben. Aus dem ursprünglichen intrapsychischen Konflikt:

Ich möchte generell nur
wenig oder gar keinen Sex haben.
Mein Mann, als das arme Opfer,
muss dann allerdings sexuell
darben.
versus
Sex gehört zu jeder Paarbeziehung. Als
Ehefrau müsste ich meinen Ehemann sexuell

befriedigen. Zur Not sollte ich mich zum Geschlechtsverkehr zwingen.

... wird nun eine neue Konstellation:
Ich möchte ja gerne Sex haben, aber bedauerlicherweise ist mein Mann dazu nicht in der Lage. Ich bin das Opfer seiner Impotenz. Er hat Schuld an der Misere.

Dass sie ihren Mann durch ihr depoten-zierendes Verhalten aber erst impotent gemacht hat, entzieht sich ihrem Bewusstsein, bzw. wird von ihr verleugnet. Sie bringt es sogar fertig, ihm wegen seiner Schwäche in aller Öffentlichkeit bloßzustellen.

Noch einen Zacken schärfer gestaltet sich der gleiche Konflikt für einen männlichen Partner, wenn das weibliche Liebesobjekt eine Doppelrolle spielt und neben ihrer versteckten Sexualablehnung nach außen hin so tut und auftritt, als ob sie eine scharfe Biene sei. Wenn sie einen Schuss Prostituierten-Look zeigt und mit fröhlich ausgestellten Brüsten, unter laszivem Po-Gewackel und zum Kussmund gespitzten Lippen durch die Botanik stakst. Dann verdürstet ihr Liebster neben der verlockenden Quelle, die in Wahrheit gar keine ist.

Es sollen nun weitere interpersonelle sexuelle Konfliktlagen beschrieben werden, bei denen es auf der einen Seite immer um den Wunsch nach sexueller Triebbefriedigung geht, auf der anderen Seite aber um Ängste, Über-Ich-Verbote, Scham- oder Schuldgefühle, die den sexuellen Genuss einschränken oder ganz zu unterbinden drohen. Die sogenannten Hemmfaktoren (z.B. Ängste) werden aber nicht – wie es richtig wäre – in der eigenen Seele verortet, sondern dem Partner unterstellt, auf ihn verlagert. Auf diese Weise wird dieser zu einer lusteinschränkenden oder verbietenden Instanz aufgebaut und somit zu einer Art Gegner nach dem Motto: „Du bist schuld, dass ich nicht unbekümmert Sex haben kann!"

Zurückweisungs- und Ablehnungserfahrungen und Sex
Menschen, die in ihrer Kindheit keine wirkliche Akzeptanz durch eine liebende Mutter (Vater) erfahren, keine Antworten auf ihre elementaren Bedürfnisse bekommen und nirgends so richtig dazugehört haben, die herumgestoßen und ausgegrenzt wurden – sind oft für ihr ganzes Leben geschädigt. Auch in einer Paarverbindung quält sie häufig die unbewusste Erwartung, hier ebenfalls wieder

die gleichen negativen Erfahrungen von einst machen zu müssen. Inzwischen haben sie ein feines Sensorium für alle Arten von Zurückweisung entwickelt. Leider interpretieren sie winzige Ausdrucksbewegungen – Gesten, Gebärden und Worte – ein kurzes Schweigen, ein nicht enthusiastisch genug ausgesprochenes „Ja", ein unbeabsichtigtes Vorbeischauen oder Abwenden ihres Partners bereits als Lieblosigkeit und Kränkung ihres Anspruchs auf bedingungslose Akzeptanz. Besonders während einer intimen Begegnung mit ihrem Geschlechtspartner kann dieses Erlebnismuster aktiviert werden:

Der Andere stöhnt nicht laut genug beim Verkehr, hat den Orgasmus der Frau und sein Gelingen nicht stark genug im Blick; räuspert sich an der unpassenden Stelle; schließt seine Augen, statt seine Partnerin inniglich anzuschauen; bewegt sich angeblich zu mechanisch oder erwähnt, dass er kalte Füße hat – und schon ist sie/er beleidigt.

„Du nimmst mich nicht ernst!" beschwert sie sich. „Du bist nicht richtig bei der Sache. Du meinst mich nicht. Du machst dich lustig über meine Seufzer. Du spurst dein Programm nach Schema ab. Ich bin nur ein Sexualobjekt für dich. Unter dir könnte auch jede andere Frau liegen!" Es kann sein, dass ein Fünkchen Wahrheit an ihren Vorwürfen ist. Er ist heute eventuell nicht so gut drauf. Aber was sie ihm unterstellt, trifft nicht zu. Er hat niemals die Absicht, sie zurückzuweisen oder lieblos zu behandeln. Er mag sie und er schläft gerne mit ihr. Er lehnt sie in keiner Weise ab, so wie sie fälschlich mutmaßt. Alle seine Ausdrucksbekundungen und Gesten sind nicht von Zurückweisung oder gar Ablehnung motiviert. Sie nimmt die Situation falsch wahr und verdirbt sich dadurch den möglichen sexuellen Genuss und ihm die gute Laune. Die ureigene Angst, abgelehnt zu werden und nicht liebenswert zu sein, überträgt sie auf ihren Partner, so, als würde er so empfinden, wie sie es befürchtet. Der sexuelle Akt wird für sie zunehmend problematisch, weil im Rahmen seines Vollzuges immer wieder Enttäuschungen und Kränkungserlebnisse auf sie zukommen.

Substanzverlustängste

Ein Mann, der an Substanzverlustängsten leidet, hat die Welt oral dämonisiert. Er sieht und wittert überall gierige Menschenwesen, die Geld und Besitz an sich raffen und andere ausbeuten wollen. Seine eigene Gier hat er verdrängt und stattdessen auf seine Artgenossen projiziert. Er leidet an der Furcht, andere könnten ihm etwas wegnehmen oder körperliche Anstrengungen von ihm fordern, die ihm Lebensenergie und Körpersubstanz kosten. Diese Angst bezieht er auch auf den Geschlechtsverkehr. Menschliche Partnerschaft betrachtet er vorwiegend unter dem Aspekt des Teilens und Abgeben-Müssens. („Dann ist der Euro nur noch 50 Cent wert!")

Die Leidenschaftlichkeit seiner Frau im Bett interpretiert er ebenfalls als orale Besessenheit, sich möglichst viel Liebe zu holen und einzuverleiben.

„Du bist ja unersättlich", beklagt er sich im Verborgenen über sie, statt sich durch ihre Sinnlichkeit beschenkt zu fühlen. Er hat den im Volksmund kursierenden Ausdruck in Bezug auf Frauen verinnerlicht, der sie als „Samenräuber" bezeichnet. Er fühlt sich „irgendwie ausgesaugt" von seiner Partnerin und achtet aus diesem Grund darauf, nicht zu häufig Geschlechtsverkehr mit ihr zu haben, obwohl er viel öfter Lust darauf hat.

Der Kontrollfreak und seine Sexualität

Gunnar P. ist ein durch und durch disziplinierter Verstandesmensch, gezügelt in seinem Temperament, cool und nüchtern in seinem Gefühlsleben, zurückgenommen und beherrscht im Ausdrucksverhalten. Lediglich in der Sexualität quälen ihn Kontrollverlustängste; hier steht er in der Versuchung, sich gehen zu lassen und seine im Alltag praktizierte Übersteuerung aufzugeben. Aber er fürchtet sich vor der sexuellen Hingabe, möchte die Schleusen seiner Triebhaftigkeit nicht öffnen, sondern stattdessen bekämpfen. Er tut es, indem er aus seinem innerpsychischen einen interpersonellen Konflikt macht und sein Problem auf seine Frau überträgt. Auf diese Weise kann er auch während des Geschlechtsverkehrs seine sonst gelebte Coolness weiterhin beibehalten.

Gisela P.'s emotionale Temperatur während des Liebemachens ist fein austariert auf einen unspektakulären Mittelwert. Sie zeigt nicht die volle sexuelle Stromstärke, ist aber durchaus lustvoll beteiligt und zelebriert ihren Orgasmus auf still-vergnügte Weise. Ihre Körpersprache beschränkt sich zwar auf verhaltene Beckenstöße und leise Seufzer der Lust, aber ihre Mimik verrät, dass sie den Sex genießt. Eigentlich könnte Gunnar P. mit dem Verhalten seiner Frau Gisela im Bett zufrieden sein, zumal er in auffallender Weise seine Contenance bewahrt und viel weniger liefert als sie. Dem ist aber nicht so! Gunnar P. fühlt sich zu kurz gekommen. Er vermisst sexuelle Leidenschaft bei seiner Partnerin, wilde Gefühlsstürme, Schreien, Kratzen und Beißen aus überschäumender Wonne, heiße Liebesschwüre und die gierige Aufforderung: „Fick mich! Fick mich!" Was er nicht kann und bietet, nämlich volle ungezügelte Hingabe, soll sie können und ihn bieten. Gunnar P.'s Unzufriedenheit macht sich in Vorwürfen an die Adresse seiner Frau Luft:

„Du lässt dich nicht wirklich fallen!"

„Du bist immer so kontrolliert!"

„Ich spüre gar nicht, dass du richtig geil bist und entzückt und wie Schwein auf Sofa zappelst und selig grinst!"

Gisela P. reagiert empört und gibt die Anklagen ihres Mannes postwendend an ihn zurück. Sie fühlt sich total ungerecht behandelt und sagt ganz richtig:

„All das, was du mir vorwirfst, trifft auf dich zu. Fass dich an die eigene Nase!"

Und in der Tat, sie hat Recht. Gunnar projiziert sein eigenes Unvermögen auf seine Frau. Er wünscht sich eine „heiße Braut" im Bett, um an deren Leidenschaft partizipieren zu können, ohne die eigene Kontrolle aufgeben zu müssen.

Angst um das eigene Erscheinungsbild: narzisstisch geprägte Befürchtungen um das körperliche Aussehen

Wir leben im Zeitalter der hohen Wertschätzung von optischer Attraktivität. Schönheit spielt im Geschlechterreigen und in der Partnerwahl heutzutage eine überragende Rolle. Nicht nur die Kosmetikindustrie, sondern auch die kosmetische Chirurgie boomen. Selbst die Zahl der Männer, die ihr Körperäußeres durch einen ärztlichen Eingriff verschönern lassen wollen, nimmt von Jahr zu Jahr zu. Nicht wenige Menschen beziehen ihr Selbstwertgefühl total einseitig aus ihrer leiblichen Verfassung:

„Solange ich faltenlos, gut proportioniert, schlank und straff bin, bin ich o.k. und damit begehrenswert."

Besonders unter jungen Frauen ist diese Haltung weit verbreitet. Die Furcht, für unattraktiv gefunden zu werden, tobt sich bei manchen Vertretern des weiblichen Geschlechts sogar im Intimbereich aus. Sie scheuen es, sich nackt zu zeigen oder beim Geschlechtsverkehr eine unvorteilhafte Haltung einzunehmen, weil sie damit die Entlarvung ihrer wahren körperlichen Identität befürchten.

Hängebrust, Bauchspeck, zu dicke Oberschenkel, einen Anflug von Orangenhaut, der fehlende Apfel-Popo oder ungleich-große Schamlippen – das alles könnte entdeckt und Anlass zum Naserümpfen und zu männlicher Enttäuschung werden.

'Er findet mich dann vielleicht hässlich', befürchtet sie. 'Vielleicht ekelt er sich auch vor meinem Achselschweiß oder dem Geruch meiner Vagina?'

Eine junge Frau vermied es, sich ihrem Liebsten auf dem Bett in der Seitenlage zu präsentieren, weil ihre Bauchhaut in dieser Position „Falten warf". Wenn sie nackt in der Wohnung herumlief, reckte sie beide Arme in Kopfhöhe und nestelte dabei oft an ihrer Frisur herum, „weil dadurch automatisch meine Brüste gehoben werden und sie deshalb besser aussehen!"

Beim Liebemachen stört der permanente Bezug auf das eigene körperliche Aussehen – verbunden mit der Furcht, unattraktiv zu wirken – die Hingabefähigkeit einer Frau beträchtlich. Angst und Unsicherheit führen zu Hemmungen und schränken die sexuelle Genussfähigkeit erheblich ein und verringern ganz allgemein die Lust auf Sex.

Anders wird dieser Konflikt: Sex haben wollen – Sex vermeiden wollen wegen körperlicher Schwachstellen – wenn die betreffende Frau ihrem männlichen Partner ein besonders kritisches Auge unterstellt, nach dem Motto: „Nicht ich entdecke körperliche Mängel an mir und schäme mich deswegen, du bist es, der sie entdeckt, missbilligt und mich am Ende nicht mehr attraktiv findet!" Dann kann sie ihn wegen seiner übertriebenen ästhetischen Ansprüche tadeln und als Miesmacher hinstellen. Statt die Wut auf sich selber zu richten, kann sie auf ihn wütend sein und ihm entsprechende Vorwürfe machen:

„Was guckst du mich schon wieder so prüfend an? Ich bin eben keine Helene Fischer und du allerdings auch kein Adonis!"

In der Regel täuscht sie sich aber in ihrer Wahrnehmung. Ihr Partner schaut sie weder prüfend an, noch bemängelt er im Stillen irgendeine Äußerlichkeit an ihrem Körperzustand. Sie projiziert ihre eigene Selbstkritik in seinem Kopf und fühlt sich zu Unrecht von ihm abgewertet.

Weibliche Unterwerfungs- und Ohnmachtserfahrungen und ihre Rolle in der Sexualität

An dieser Stelle komme ich auf einen Frauentyp zu sprechen, der sehr böse Kindheitserfahrungen mit Männern gemacht hat und zu verarbeiten hatte. Die hier als Einzelfall ausgewählte Margit C. steht beispielhaft für diese gemeinte Charakterstruktur.

Margit war der Willkür eines strengen, manchmal brutalen Vaters, eines Machos übler Art, ausgesetzt, der widerspruchslosen Gehorsam von ihr einforderte, harte Strafen austeilte, ohne sie wenigstens ab und an für seine Härte durch liebevolle Gesten zu entschädigen. Margots Brüder wurden vorgezogen und genossen eine Vorzugsstellung in der Familie. Die Tochter dagegen wurde in ihrer Geschlechtsrolle als Mädchen ständig abgewertet.

Die vom Ehemann geknechtete, dabei still vor sich hin leidende Mutter, war eine gebrochene Persönlichkeit. Sie bot ihrer Tochter keine lohnende Möglichkeit zur Identifikation. Dem Mädchen tat die Mutter leid, es litt mit ihr, aber es wollte auf keinen Fall so unterwürfig und freudlos werden wie sie. Im Laufe ihrer Entwicklung zum Teenager bildete sich bei Margit ein sehr negativ getöntes Männerbild heraus. Männer waren in ihren Augen privilegierte Egoisten und rücksichtslose Machos, die nur darauf versessen waren, Frauen zu dominieren, klein zu halten und emotional auszubeuten. Als die Sexualität in ihr Blickfeld rückte, gewann ihr Männerbild eine neue Facette hinzu: Nun gerieten alle Männer unter den Generalverdacht, verkappte Vergewaltiger zu sein. Und männlicher Sex erschien ihr als Mittel, Frauen brutal und in selbstsüchtiger Absicht aufs Kreuz zu legen.

Ihre von Misstrauen und Skepsis geprägte Grundhaltung gegenüber dem männlichen Geschlecht prägte natürlich auch ihre Beziehung zu ihrem Freund Martin. Da er von sanfter Wesensart war, sie respektvoll behandelte und alles andere als dominant auftrat, kamen die beiden einigermaßen gut zurecht. Nur in der Sexualität klemmte es. Hier entwickelte Margit eine besonders große Empfindlichkeit und die Furcht, dominiert zu werden. Und all das, obwohl sie im täglichen Umgang mit der Männerwelt ihre frühere, feindselig-getönte Einstellung weitgehend abgelegt hatte.

Die sexuellen Wünsche ihres Freundes bauschten sich in ihren Ohren zu gebieterischen Forderungen auf:

„Der Herr befiehlt und ich habe zu gehorchen!"

Sie lauerte unbewusst förmlich darauf, ihr negatives Weltbild bezüglich der männlichen Sexualität bestätigt zu bekommen, um dagegen vehement aufbegehren zu können. Wenn Martin ein sexuelles Begehren anmeldete, so wollte Margit in der Regel nie so wie er: nicht jetzt und heute, nicht an diesem Ort, nicht auf diese Art. Die Missionarsstellung – Frau unten, Mann oben – lehnte sie grundsätzlich ab. Wenn schon Verkehr, dann zu ihren Bedingungen: sie auf ihm reitend, den Rhythmus und den Verlauf des Geschehens bestimmend. Jede Art von zärtlicher Handgreiflichkeit von seiner Seite alarmierte sie. Wenn er ihre Handgelenke oder Po-Backen packte, sie sanft in eine bestimmte Stellung zu drücken versuchte, drehte sie durch und leistete sofort heftigen Widerstand. Im Grunde musste er sich während des gesamten Aktes passiv verhalten und in allem seiner Freundin die Initiative überlassen. Auch auf verbale, sexuellgetönte Äußerungen seinerseits reagierte Margit hoch empfindlich und manchmal sogar geschockt. Immer fühlte sie sich dabei in ihrer Würde als Frau verletzt und bestrafte ihn dafür mit einer abrupten Unterbrechung des Liebesspiels. Einmal hatte er scherzhaft und liebgemeint ihre Vagina als „Durchlauferhitzer", ein anderes Mal ihre Brüste als „Manöverkekse" bezeichnet – und schon war sie tief beleidigt, stieß ihn von sich und verließ den Schauplatz. Als er kurz vor seinem eigenen Höhepunkt, im Zustand der geistigen Unzurechnungsfähigkeit, einmal wagte, eine präorgastische Phantasie auszusprechen („Ich verpass dir ein Spreizhöschen, da kann ich dir jederzeit, ganz bequem, an die Möse fassen!") schrie sie empört auf und warf ihn, mitten im schönsten Sex aus dem Bett.

Immer hatte sie Angst, in die Rolle der Sex-Sklavin zu geraten. Sie realisierte aber nicht, dass sich inzwischen die Verhältnisse um 180° Grad gedreht hatten. Inzwischen war sie es nämlich, die ihren Freund beherrschte und ihn ganz rigoros nach ihren sexuellen und dirigistischen Bedürfnissen lenkte. Nun litt er unter dem gleichen

Schicksal, das sie für sich unter allen Umständen vermeiden wollte. Margit ist sich des von ihr inszenierten Konfliktgeschehens natürlich nicht voll bewusst. Sie spürt auch nicht unmittelbar ihr als Frau entwertetes, entwürdigtes und kleingemachtes Selbst mit den dazugehörigen Verwundungen aus schlimmen Kinderzeiten, sondern hauptsächlich die Furcht, ihr Freund könne und wolle sie in eine unterwürfige Position bringen und sich auf ihre Kosten Lust verschaffen. Sie selbst will nicht mehr zu den Unterdrückten und Leidenden gehören und die schrecklichen Ohnmachtserfahrungen an der Seite eines Mannes erneut durchmachen müssen. Jetzt möchte sie der Hammer sein und nicht mehr der Amboss.

8

Sexuelle Interessenkonflikte (intersubjektive Konflikte)

Wir wenden uns nun den klassischen 2-Personen-Konflikten von Paaren zu, die sich um die Sexualität drehen und über die in Illustrierten, Zeitschriften und speziellen Ratgeber-Artikeln so viel geschrieben wird. Es handelt sich bei diesen Störungen des Triebhaften um Interessen-Konflikte zwischen zwei Menschen, deren sexuelle Bedürfnisse nicht, oder in manchen Punkten, nicht übereinstimmen. Person A möchte etwas anderes als Person B! Vom Standpunkt eines objektiven Betrachters aus gesehen (Außensicht) ist jeder sexuelle Wunsch eines Partners erst einmal legitim, aber damit nicht auch automatisch erfüllungsberechtigt. Sexuelle Vorlieben müssen von beiden Parteien gutgeheißen oder ihre Befriedigung ausgehandelt werden. Wenn sie den guten Geschmack (Analverkehr), die Ekelgrenze oder die Integrität (Sadomaso) des einen überschreiten oder verletzen, hat der Bedürftige dieser Spielart kein Recht, deren Ausleben-dürfen durchzusetzen. Ihm steht es auch nicht zu, seinem Gefährten deshalb Vorwürfe zu machen oder anderweitig aggressiv zu reagieren.

Menschen besitzen bekanntlich ein unterschiedliches Temperament, verschiedenartige Geschmäcker, Vorlieben, Wünsche und Begehrlichkeiten, unterscheiden sich in Tiefe und Intensität ihres sexuellen Erlebens und darin, was sie nicht mögen oder total ablehnen. Sie benötigen unterschiedlich geartete Stimuli, um in Paarungsstimmung zu kommen und einen Orgasmus zu haben. Es ist die mannigfaltige, von Person zu Person variierende Ausprägung der individuellen Bedürfnispalette, die jeden Menschen zu einem einmaligen Wesen macht. Im Sex treffen also immer auch diese zwei Einmaligkeiten aufeinander. Dass es da häufig quietscht, ist vorprogrammiert. Häufig werden Konflikte als solche von dem beteiligten Paar gar nicht als Konflikt erkannt, sondern als Problem nur des Einen erlebt, als dessen Schuld, Unvermögen, Absicht oder Gemeinheit hingestellt. Das erschwert natürlich seine nüchterne Betrachtung, seine Lösung und die Erkenntnis, dass beide Parteien an der Störung beteiligt sind.

Im Folgenden sollen die häufigsten Divergenzen zwischen den Geschlechtern aufgezeigt werden, wobei davon ausgegangen wird, dass es sich bei den betreffenden Paaren um seelisch gesunde Menschen handelt und nicht um neurotisch schwer gestörte. Es lassen sich insgesamt sechs Bereiche ausmachen, in denen sich Interessenskonflikte abspielen:

Erstens: Die Häufigkeit von Geschlechtsverkehr
Sie ist sexueller Konfliktpunkt Nummer Eins innerhalb einer Paarbeziehung, Grund zu gegenseitigen Vorwürfen, zu Enttäuschungen und Frustrationen. Wie an anderer Stelle noch ausführlich aufgezeigt werden soll (siehe Kapitel: Wie oft treiben es die Nachbarn):
- nimmt mit der Dauer einer Beziehung die Frequenz von Geschlechtsverkehr ab;
- verlieren Frauen bereits nach zwei bis drei Jahren Beziehungsdauer einen Teil ihrer sexuellen Lust und damit ihrer Motivation zum Geschlechtsverkehr;
- hängt die Lust der Frauen viel stärker von der jeweiligen guten Beziehungsqualität ab, als es bei Männern der Fall ist;
- wollen Männer in der Regel durchgängig häufiger Geschlechtsverkehr als Frauen, was die berühmt-berüchtigte

Kluft zwischen den Geschlechtern erzeugt und damit entsprechenden Sprengstoff.

Zweitens: Die Vollzugsmodalitäten
Hier dreht es sich um technische Probleme und zwar um die Art und Weise, wie das sexuelle Beisammensein abgewickelt werden soll, nämlich:
- welche Position bevorzuge oder wünsche ich:
  die Missionars-Stellung, die Vierfüßler-Position, auf dem Anderen liegend, reitend, im Sitzen, im Stehen oder von der Seite usw. ...
- welche Art der Stimulation wünsche ich:
  Geschlechtsverkehr durch Penetration, Penetration mit gleichzeitiger Stimulation der Klitoris, Streicheln der Klitoris vor dem Eindringen des Penis, Oralverkehr: einseitig, beidseitig (69), Analverkehr, Stimulation durch begleitendes Sprechen, Säuisches sagen, Schreien, Küssen, Lecken, Beißen, Kratzen, Fesseln, würgen, Augen verbinden; Verkleiden, benutzen von Sexual-Spielzeug oder technischen Hilfsmitteln. Sie soll sich mehrere Tage vorher nicht gewaschen haben.

Drittens: welche Rahmenbedingungen wünsche ich mir:
Romantischer Vorlauf: Gut essen gehen; Theater-Kinobesuch; Bar-Besuch mit Tanz; ein gutes Gespräch haben; tagsüber am Strand und in der Sonne faulenzen; zuhause ein gutes Glas Wein trinken usw.
Ort: der sexuellen Handlung: in unserem Doppelbett, im Hotelzimmer, auf dem Küchentisch, Fußboden; auf einem Fell vor dem flackernden Kamin; in der Natur, auf der Wiese; auf einer fremden Toilette, im Fahrstuhl, im Auto usw.
Zu den einschränkenden äußeren Faktoren müssen wir auch die Zeitknappheit eines Pärchens rechnen, die infolge von Überarbeitung eintritt. Eine Mutter – während der ersten zwei Jahre der Betreuung eines Babys, ein Vater mit einem Zwölf-Stundentag im Büro: beide sind abends total erschöpft und ausgelaugt und haben häufig weder Kraft noch Lust auf ein Schäferstündchen. Überhaupt ist die Zeit nach der Geburt eines Kindes so anstrengend und for-

dernd für beide Parteien, so dass wenig Interesse für Sex übrig bleibt. In der gleichen Zeitspanne kommt es übrigens männlicherseits zu den häufigsten Fremdgängen, da die Mutter des Kindes manchmal Sex ablehnt oder kaum für die sinnliche Liebe zu haben ist. Auch ein desolater Gesundheitszustand eines Partners kann das Liebemachen blockieren.

Abwesenheit von Störreizen: Es darf nicht zu hell sein, er/sie mag es im Dunkeln; die Kinder müssen schon schlafen; uns darf keiner hören können; die Tür muss abgeschlossen sein, damit die Kinder nicht plötzlich im Schlafzimmer auftauchen usw.

Viertens: Erwünschtes Partner-Verhalten beim Liebesakt
Hier geht es einmal darum, wie der Andere sein sexuelles Begehren zum Ausdruck bringen soll:
- Ich möchte sehen, wie sehr er/sie sich nach mir verzehrt, wie seine/ihre Augen glänzen und seine/ihre Hände vor Erregung zittern.
- Er soll mir sein sexuelles Verlangen durch zärtliche Worte und Liebesgeflüster mitteilen und mir sagen, wie sehr er mich begehrt.
- Er soll mich leidenschaftlich packen und mir die Kleider vom Leibe reißen:
Er soll mich packen und aufs Bett werfen. Er soll behutsam vorgehen, ich mag es innig und verhalten und mit ganz viel Seele. Ich mag es, wenn sie in Reizwäsche und High Heels daherkommt usw.

Ein weiterer Umstand dreht sich um die Gegensatz-Paare: aktiv-passiv, dominant-anpassungsbereit in der sinnlichen Liebe. Daraus ergibt sich selbstredend die Frage:

Wer von Beiden ergreift in der Regel die Initiative zum sexuellen Beisammensein, wer verführt den Anderen? Wer ist der aktivere Teil im Bett, wer macht eher einfach nur mit? Wer dominiert, führt sexuell Regie, wer fügt sich willig den vorgegebenen Spielregeln des Partners? Wer beansprucht die Position: Oben? Dazu ein Beispiel:

Eine um ihre Selbstbehauptung besorgte Frau – immer in der Angst, in ihrer Ehe in die unterlegene Position gedrängt zu werden – konnte den Geschlechtsverkehr mit ihrem Mann nur ausführen, wenn sie oben war und auf ihm ritt. Alles andere hätte die Bedeutung von Unterwerfung gehabt und wäre für sie völlig unakzeptabel gewesen.

Zum Thema Initiative im sexuellen Bereich fällt mir die häufig gehörte Männerklage ein: „Immer muss ich derjenige sein, der den ersten Schritt macht und die Initiative ergreift, um Sex zu haben. Du könntest auch von dir aus öfter kommen."

Weiterhin beschäftigt uns an dieser Stelle das Thema: Verantwortung. Sie ist immer dann gefragt, wenn es darum geht, eine Schwangerschaft zu verhüten, die Ansteckung mit Krankheitskeimen zu vermeiden oder dem Anderen durch zu heftigem Sex oder irgendwelche perversen sexuellen Praktiken (Würgen) keinen gesundheitlichen Schaden zuzufügen.

Fünftens: Zeitpunkt und Dauer

Auch sie bergen in manchen Beziehungen ein ständiges Konfliktpotenzial:

Er möchte am Morgen, sie abends mit ihm schlafen.

Sie hat nur wirkliche sexuelle Lust während ihrer Periode.

Er mag den kurzen knackigen Quicky, will sofort zur Sache kommen und den ganzen Akt in 3-4 Minuten über die Bühne bringen.

Sie braucht lange zum Anwärmen, und wenn es so weit ist, möchte sie den Geschlechtsverkehr auf eine halbe Stunde ausdehnen.

Eine andere Frau muss wenigstens das Gefühl haben, wir haben alle Zeit der Welt. Eine andere beklagt, dass der Mann ewig braucht, um endlich zum Abschluss zu kommen. Während er sich abmüht, es zu schaffen, stellt sie innerlich schon den Einkaufszettel fertig.

Sechstens: Die sexuellen Temperamente

Die Psychologie hat seit Hippokrates (460-377 v. Christus) immer wieder versucht, die Menschen hinsichtlich ihres unterschiedlichen Charakters wegen in Gruppen einzuteilen (Sanguiniker, Melancholiker, Phlegmatiker, Choleriker). Seitdem ist eine Vielzahl von Typenlehren entstanden. Letztendlich gibt es auch das Bemühen, Personen aufgrund ihres verschiedenen sexuellen Temperaments zu unterscheiden. Auf diese Weise entstanden die sogenannten acht

Libido-Typen der Sexualtherapeutin Sandra Pertot („When your Sex drives don't Match").

Menschen variieren in Bezug auf ihre sexuellen Vorlieben, ihre sexuellen Häufigkeitswünsche und sexuellen Verhaltensweisen! Diese Unterschiedlichkeit ihres sexuellen Temperaments soll letztendlich alle sexuellen Schwierigkeiten im Sinne des Nichtzueinanderpassens erklären.

Sandra Pertot zählt auf:
- Sex als Ausdruck einer tiefen emotionalen Verbundenheit (romantische Liebe);
- Sex als Möglichkeit zur Entspannung;
- Sex als altruistisches Geschenk an den Partner unter Vernachlässigung eigener Bedürfnisse;
- Sex als egoistische Einforderung: „Sex steht mir zu!"
- Sex als Nebensache: „Es gibt noch viele andere Glücksquellen!"
- Sex als wichtigste Quelle für die Bestätigung des eigenen Selbstwertgefühls: „Ich bekomme Sex, also bin ich liebenswert!"
- Sex als eine zu erbringende Leistung für den Anderen, verbunden mit der Angst, zu versagen (Pflichtcharakter).
- Guter Sex als Garant und Kitt für die Haltbarkeit einer Paarverbindung. Sexuelle Schwierigkeiten bedrohen den Bestand der Beziehung.

Dem Leser werden die hier aufgezeigten Gesichtspunkte aus der Lektüre der vorangegangenen Kapitel dieses Buches vertraut sein. Sandra Pertot engt ihre Typologie auf die Funktion ein, die die Sexualität für einen Menschen haben kann (siehe Kapitel 2) und wird dem Thema damit nur bruchstückhaft gerecht. Trotzdem lohnt ein Gedankenspiel: Kombinieren Sie die einzelnen Lusttypen einmal paarweise miteinander. Auf diese Weise erhalten Sie 28 Paarungen, die nicht kompatibel sind. Welche Menge an Konfliktpotenzial! Was hat sich der liebe Gott bloß dabei gedacht, als er diese Verschiedenheit unter seinen Kindern in die Welt setzte?

In allen sechs Bereichen – die ich eben behandelt habe – kann es innerhalb einer Paarbeziehung zu Konflikten kommen. Der Eine möchte es so, der Andere so! Jede der geschilderten Tendenzen kann seinen Widerpart finden. Auf diese Weise ergeben sich fast unüberschaubar viele Konfliktmöglichkeiten, von denen ich nur einen Bruchteil benannt habe. Es bleibt der Phantasie des Lesers überlassen, die Liste zu erweitern.

An dieser Stelle taucht sofort eine notwendige Frage auf, nämlich: Wieso kommt es überhaupt zu solchen prekären Beziehungen? Wenn sich zwei Menschen sexuell nicht gut verstehen, in ihren Bedürfnissen nicht kompatibel sind und von sexuellen Interessenkonflikten geplagt werden, dann sollten sie doch erst gar nicht eine Bindung eingehen, sondern sehr schnell wieder auseinanderlaufen? Darauf eine Antwort: In den ersten zwei bis drei Jahres ihres Zusammenseins, also in der Rosenzeit, sind Liebende sowieso und aus eigenem Antrieb sexuell aktiv, außerdem anpassungs- und kompromissbereit und nachsichtig in Bezug auf die Schwächen des Anderen. Aus Liebe stellen sie eigene Wünsche zurück, um dem Partner zu gefallen und selber ein vorteilhaftes Bild abzugeben. Ihre Zuneigung, ihre Verbundenheit und ihre gelebte Intimität haben einen so hohen Befriedigungswert und füllen ihre Seele so stark aus, dass die kleinen sexuellen Schönheitsfehler erst einmal nicht ins Gewicht fallen. Aber mit den Jahren vergeht die Verliebtheit und deren Ausnahmezustand. Dieselben Personen werden ganz automatisch egoistischer, weniger anpassungs- und verzichtbereit. Nun schlagen die sexuellen Unstimmigkeiten und Differenzen sehr wohl zu Buche. Jeder besteht auf seiner Befriedigung und ist frustriert, wenn es nicht klappt. Leider ist es nicht nur die schon beschriebene Konfliktspannung, die das Partnerglück eindunkelt. Konflikte treten fast immer innerseelische Gärungsprozesse los, die sich zu der primären Seelenpein dazu addieren und die Lage noch negativer gestalten.

Wir wollen uns jetzt diesen sekundär auftretenden Phänomenen zuwenden, die innerseelischer Natur sind, sich auf der inneren Bühne des Bewusstseins abspielen, emotional aufgeladen sind und keine geringe Sprengkraft besitzen. Es handelt sich hier also um die Begleit- oder Folgeerscheinungen der 2-Personen-Konflikte.

Erstens: Sexuelle Frustration erzeugt Enttäuschungswut in allen möglichen Stärkegraden: Unzufriedenheit, Ärger, Aggressionen bis hin zu heller Empörung.

Zweitens: Sexuelle Frustration kann den erotischen „Marktwert" eines Liebesobjekts mindern. Es erscheint dann dem Partner weniger attraktiv und begehrenswert, es verliert an Akzeptanz und Wertschätzung („So eine lahme Ente!").

Drittens: Personen mit einem schwachen oder labilen Selbstwertgefühl deuten sexuelle Probleme häufig in Richtung eigenes Versagen, äußern Selbstvorwürfe, werden noch unsicherer und ängstigen sich manchmal vor jedem neuen sexuellen Beisammensein. Sie machen sich Sorgen wegen der möglichen Konsequenzen der Konflikte und befürchten Liebesverlust oder gar eine Trennungskatastrophe.

Viertens: Sexuelle Konflikte werfen häufig die Normalitätsfrage auf: Der sexuell Frustrierte hält in der Regel sein eigenes Begehren und Verhalten für normal, das des Partners für unnormal. Er fühlt sich mit seinen Erwartungen und Wünschen im Recht und darf deshalb auf deren Erfüllung bestehen. Was er möchte, steht ihm zu, ansonsten kann er den Anderen als vertragsbrüchigen Partner anklagen.

Wenn eine Ehefrau z.B. häufigen Geschlechtsverkehr ablehnt, ist sie in den Augen ihres Partners frigide, d.h. krank und damit behandlungsbedürftig. Umgekehrt kann der sehr potente Mann von seiner Frau als sexsüchtig beschimpft werden. Sie stellt die Diagnose „Sucht" und verweist damit sein Verhalten in den Krankheitsbereich. Auffälliger Weise gehen Menschen bei der Frage: „Was ist normal?" fast immer vom eignen Erleben aus. So wie sie denken, fühlen und begehren – oder es nicht tun – ist es richtig. Ihr Welt- und Menschenverständnis gibt den Maßstab, den Referenzwert für Normalität ab.

Fünftens: Der sexuell Frustrierte wirft im Geheimen – oder sogar im offenen Streit mit seinem Liebesobjekt – nicht selten auch die Gerechtigkeitsfrage auf. Er macht im Stillen eine Beziehungs-Bilanz auf und ermittelt Soll und Haben. Wie viel leiste und bringe ich in die Paarverbindung ein und wie viel bekomme ich von meinem Partner zurück?

Wenn sich zum Beispiel ein Mann sexuell zu kurz gekommen fühlt, neigt sich die Waagschale zu seinen Ungunsten.

„Ich ackere von früh bis spät", denkt oder sagt er, „ernähre meine Familie, verschaffe ihr ein sorgenfreies Leben, helfe im Haushalt und bei der Kinderbetreuung mit und bekomme als Gegenleistung dafür noch nicht mal ordentlich Sex. Das ist ungerecht!"

Hier werden die gegenseitigen Zuwendungen, in welcher Form auch immer, miteinander verglichen, d.h. gegengerechnet und als ungleich erkannt. Sich benachteiligt oder gar ausgenutzt zu fühlen, verletzt in hohem Maße das Gerechtigkeitsempfinden und erzeugt Wut und Verbitterung. Gift für eine Beziehung. Allerdings ist dabei – objektiv gesehen – nie sicher, ob der scheinbar zu kurz Gekommene mit seiner Sicht der Dinge tatsächlich Recht hat. Er kann sich irren, die Situation falsch einschätzen.

Sechstens: Sexuelle Probleme in einer Partnerschaft können bei einem oder bei beiden Mitgliedern der Dyade Schuldgefühle entstehen lassen. Die Betreffenden erleben sich als Urheber der sexuellen Schwierigkeiten und leiden dann am eigenen Ungenügen und daran, dass sie ihrem Partner nicht die erwartete Befriedigung schenken können.

Siebtens: Individuelle Reaktionen auf eine unbefriedigende sexuelle Partnerschaft. Stellen wir nun die Frage: Was machen Menschen, um mit den unerfreulichen Begleiterscheinungen ihrer sexuellen Probleme fertig zu werden? Was lösen sexuelle Frustrationen bei ihnen aus:

Ärger und Enttäuschungswut können entstehen und eine chronische Gereiztheit hinterlassen, zu aggressiven Attacken führen oder aber in homöopathischen Dosen abgeführt werden, z.B. in Form von Nörgeln, Schmollen oder schlechter Laune. Häufig wird die Wut auch verdrängt – um die Beziehung nicht zu gefährden – und erzeugt dann psychosomatische Beschwerden (Kopfschmerzen, Magenerkrankung).

Angst kann entstehen und in eine Dauerbeunruhigung umgewandelt werden und hat zur Folge, dass der Betroffene schon bei kleinsten Bagatellproblemen und negativen Vorkommnissen den Eintritt einer Katastrophe befürchtet.

Mit Schuldgefühlen ist es eine problematische Sache; sie auszuhalten schwer! Deshalb werden sie oft per Projektion abgewehrt und dem Partner angehängt, wie folgendes Beispiel zeigt:

Irma: „Ich habe für Sex wenig übrig. Ich bin meinem Mann deshalb eine schlechte Geliebte. Er kommt bei mir zu kurz. Eigentlich müsste ich mich zusammenreißen und ihm mehr Sex bieten. Aber ich tue es nicht. Etwas in mir sperrt sich dagegen, und deshalb habe ich Schuldgefühle."

Aus dieser Konfliktlage befreit sich Irma durch die projektive Verfälschung der Situation. Letztendlich kommt sie zu der sie beruhigenden Erkenntnis: „Ralf ist ungepflegt und hat Stinkefüße. Seine gierige Hast und Grobheit beim Verkehr stoßen mich ab. So wie er sich präsentiert und gibt, ist er selber schuld, wenn mir die Lust vergeht und wir so selten Sex haben. Es fehlt einfach der Gleichklang der Seelen." Auf diese Weise kann Irma das eigene Ungenügen in die Schuld des Partners ummünzen und sich selber damit emotional entlasten.

Eine andere Form der Projektion macht ebenfalls den Anderen zum Sündenbock. Sie funktioniert nach dem Muster:

Nicht ich muss mir Schuldgefühle machen und tue es auch, nein, du schiebst mir die Schuld an unserem sexuellen Übel zu. Das ist unerhört, und ich wehre mich dagegen!" In diesem Fall bleibt zwar die Schuld an ihrem Urheber kleben, aber der Betreffende erlebt sie als Zuschreibung, von seinem Liebesobjekt kommend, ein ewiger Zankapfel tut sich auf. Im ungünstigen Fall kommt nun eine Abwärtsspirale in Gang. Der Eine zieht sich innerhalb der Beziehung zurück und versucht das sexuelle Beisammensein möglichst oft zu vermeiden, der andere wird immer aggressiver oder geht fremd, falls sich ihm eine Gelegenheit bietet. Zumal wenn die Beteiligten in jungen Jahren sind, besitzen sexuelle Schwierigkeiten eine erhebliche Sprengkraft für die Paarbeziehung. Es bewahrheitet sich mal wieder der klassische Satz:

„Jede Beziehung wird von alleine schlechter – es sei denn, man steuert aktiv dagegen!"

Das, was Mann und Frau beglücken sollte, kann zum Ausgangspunkt von Unzufriedenheit und damit zum Spaltpilz der Paarverbindung werden.

9
Sexuelle Störungen

Wie störanfällig gerade der sexuelle Bereich der menschlichen Existenz ist, wird anschaulich, wenn wir die Sexualität des homo sapiens mit der anderer Säugetiere vergleichen, z.B. der der Ratten. Letztere sind ja sehr soziale Tiere mit einer guten Brutpflege und einer großen „Mutterliebe". In der experimentellen Psychologie sind sie dankbare Objekte zur Erforschung grundlegender Gesetze des Lernens, in der Pharma-Industrie zur Erprobung neuer Medikamente, die letztendlich für den Menschen gedacht sind.

Was ist bei ihnen anders, eventuell besser, unkomplizierter und störungsunauffälliger als bei uns Menschen?

Ratten reflektieren nicht, weder das Verhalten anderer Artgenossen, noch das eigene. Sie machen sich kein Bild vom anderen, noch von sich selber. Insofern fallen Einschätzungen wie „gut-schlecht" erst einmal weg. Überhaupt gibt es kein Wertgefälle zwischen einzelnen Individuen, keine Einteilung in alt-jung, schön-hässlich, klug-dumm, gesellschaftlich hochstehend-unterste soziale Stufe, arm-reich, talentiert-ungeschickt. Alle Ratten sind gleich. Sie besitzen keine triebhemmenden Instanzen in ihrer Großhirnrinde, keine Über-Ich-Verbote, noch irgendwelche Normen, die bei der Anbahnung oder dem Vollzug der Kopulation zu beachten sind. Sie kennen keine Angst vor den Folgen des Geschlechtsverkehrs. Er bindet sie nicht, verpflichtet nicht zu Treue oder Dankbarkeit, führt nicht zu irgendwelchen Erwartungen. Die männliche Ratte muss nicht um das Weibchen werben oder sie durch ein gekonntes Vorspiel erst paarungsbereit machen. Das Männchen bespringt sie einfach und schert sich einen Dreck darum, ob sie überhaupt möchte oder auch Spaß daran hat. Ihre Befriedigung steht nicht zur Debatte. Das männliche Tier spult schlicht und einfach den von Instinkten vorgegebenen Paarungsmechanismus ab, der immer derselbe ist und immer klappt. Es muss beim Sex nicht verschiedene Stellungen ausprobieren, noch eine einfallsreiche Phantasie entwickeln, um seine Partnerin zu befriedigen, bzw. sie für sich einzunehmen. Er will ja gar nicht für sein Tun geliebt werden. Er muss nicht gefallen oder sie in der Beziehung halten, indem er keine sexuelle Unzufriedenheit bei ihr aufkommen lässt. Er kommt niemals in die Verlegenheit, ein Versager zu sein oder ein schlechter Liebhaber. Können wir Menschen uns Ratten vorstellen, die sich wegen Sex blamieren, Schuldgefühle haben oder sich schämen? Das sind alles Erlebnisvollzüge, die allein dem homo sapiens vorbehalten sind. Rattenmännchen haben auch kein Problem mit der Partnerwahl: Rättin ist gleich Rättin, sie unterscheiden sich nur eine Winzigkeit durch ihren Geruch; es gibt keinen Unterschied in ihrer sexuellen Attraktivität. Aber eigentlich ist es falsch, von Partnerwahl zu sprechen. Das Männchen wählt ja keine fürs Leben, den Begriff Treue gibt es in seiner Welt nicht. Er bespringt die erste Beste, drei bis viermal, verliert danach gründlich seinen sexuellen Appetit auf sie, aber kopuliert sofort wieder mit der nächsten, die sich in seinen Wahrnehmungshorizont schiebt. Hinterher lässt er sie unbeachtet links liegen. Sexuelles Unbefriedigtsein und sexueller Druck, der auf Geschlechtsverkehr drängt, gibt es bei der männlichen Ratte nicht. Sie muss nicht in Dürrezeiten auf Selbstbefriedigung zurückgreifen. Ihr Trieb meldet sich nur immer dann, wenn ein reales Sexualobjekt am Horizont auftaucht. Und wenn das geschieht, geht sie allerdings ungeniert und sofort zur Sache.

Ähnlich unkompliziert läuft es bei unseren liebsten Haustieren, den Hunden ab. Das Männchen riecht die Paarungsbereitschaft der Hündin und bespringt sie auch schon im nächsten Moment, natürlich ohne jegliche Selbstreflexion, Versagensangst, Leistungsdruck und ohne sich irgendwelche Gedanken über die Konsequenzen seines Tuns zu machen.

Die Bonobo-Schimpansen würden sich totlachen, wenn sie erführen, dass ihre nächsten Verwandten, die Menschen, an Erektionsschwäche und ejaculatio praecox und ihre weiblichen Mitglieder an Orgasmus-Störungen und sexueller Lustlosigkeit leiden, wo sie doch selber so unbeschwert, reibungslos und oft ihrem Trieb frönen.

Der Leser möge mir bitte den Vergleich der menschlichen Sexualität mit der von Ratten, Hunden und Schimpansen verzeihen und ihn nicht als blasphemisch oder geschmacklos einstufen. Denn obwohl wir mit unseren nächsten Verwandten, den Schimpansen, zu 97% in unserem Erbgut übereinstimmen, unterscheiden wir uns doch im Seelischen, u.a. in der Sexualität, himmelweit von anderen

Säugetieren. Gerade weil wir instinktmäßig nicht festgelegte, denkende Wesen sind, zu Selbstreflexion, Gewissensregungen, Moral, Zukunftsplanung, Sprache befähigt sind, viel mehr Freiheitsgrade in unserem Handeln besitzen als Tiere, also hochkomplexe Gebilde darstellen, deshalb ist unsere Störanfälligkeit auch entsprechend viel größer.

Ich glaube, erst wenn wir uns das simple und durch keine Probleme getrübte Paarungsverhalten anderer Säugetiere, z.B. im Fall der Ratten, vor Augen führen, wird uns deutlich, mit wie vielen Hindernissen, Fallgruben und Schwachstellen das unserige doch belastet ist. Das war bestimmt nicht immer so. In der Frühgeschichte der Menschheit dürfte die Sexualität relativ ungebremst und durch weniger Über-Ich-Verbote eingeengt, abgelaufen sein. Wahrscheinlich hatte sie damals auch nicht diesen hohen Stellenwert wie heute. Die Menschen besaßen einen geringeren Differenzierungsgrad, betrieben wenig Selbstreflexion und waren noch nicht von „des Gedankens Blässe angekränkelt." Das ersparte ihnen so manches Problem auf diesem Gebiet. Wir Heutigen müssen uns dagegen mit diversen sexuellen Schwierigkeiten herumschlagen, von denen ich die häufigsten jetzt beschreiben will, Perversionen ausgenommen. Allerdings ist es nicht mein Anliegen, irgendwelche Rezepte zu ihrer Behebung beizusteuern. Trotzdem verfolge ich mit ihrer Aufzählung eine Absicht: Ich möchte die Betroffenen entlasten und ihnen Mut machen, ihr „Symptom" mit Augenzwinkern zu betrachten. Ihnen sagen: Ihr steht mit eurem sexuellen Problem nicht alleine da, sondern befindet euch in guter Gesellschaft: 31% der Männer und 33% der Frauen im Alter von 18-59; laborieren an irgendeiner Malaise unterhalb der Gürtellinie (Quelle: Journal of the American Medical Association, 2006). Schädlich ist auch eine vorschnelle Diagnose. Indem man das Problem in Worte fasst und dem Kind einen wissenschaftlichen Namen gibt, erzeugt man erst ein echtes Krankheitsbewusstsein bei seinem Träger. Und das wiederum macht die Sache schlimmer und verfestigt sie. Wir sollten bedenken: Die meisten sexuellen Probleme sind funktioneller Natur, das heißt: ohne erkennbaren organischen Befund. Meistens spielen seelische Wirkfaktoren bei der Entstehung und dem Fortbestand eine entscheidende Rolle. Etwas funktioniert nicht richtig, obwohl alle Voraussetzungen dafür gegeben sind. An irgendeiner Stelle klemmt es. Und sowas kann man wieder gerade rücken. Der erste Schritt dazu ist, sich eine neue unbekümmertere Einstellung zu den eigenen Beschwerden zu erarbeiten, ihnen einen geringeren Stellenwert im eigenen Leben einzuräumen und nicht zuzulassen, dass sie das tägliche Wohlbefinden erschüttern.

Ist es nicht verrückt, dass eine so tragende Säule des menschlichen Zusammenlebens, der Sex, so störanfällig und wacklig ist! Sexuelle Probleme sind in doppelter Hinsicht prekär:

Sie schmälern erstens oder verhindern das unbekümmerte Ausleben der eigenen sexuellen Bedürfnisse, bringen das Paar um seinen sexuellen Lustgewinn und zweitens um die immer wieder erneuerte Bestätigung seiner Bindung und Zusammengehörigkeit. Damit verringern sexuelle Handicaps die Qualität einer Liebesbeziehung, bzw. stellen sie im Extremfall infrage. In wissenschaftlichen Untersuchungen zu diesem Thema wird immer wieder auf den großen Stellenwert der Sexualität für das Leben als Paar hingewiesen. Immerhin halten 66% der Paare den Sex selbst noch nach einer Beziehungsdauer von 21-30 Jahren für sehr wichtig (Gunter Schmidt Et al, Spätmoderne Beziehungswelten, 2006). Populärwissenschaftliche Darstellungen über das menschliche Liebesleben treffen Feststellungen wie: Das Abflauen der Leidenschaft ist ein Alarmsignal, manchmal der Anfang vom Ende einer Beziehung. Sexuelles Begehren ist der Gradmesser für die Größe einer Liebe. Sex ist wichtig für die Gesundheit. Sex ist ein Allroundtalent, das Wundermittel Nr.1 (Cosmopolitan 6/1994). Es werden dort 29 Wunder aufgezählt, die der Sex angeblich vollbringen soll. Prof. Eva Jaeggi, eine bekannte Psychologin, verrät in einem Interview (Brigitte, 1990): „Sexualität gehört zu einer guten Beziehung… Sie ist ein genauer Gradmesser dafür, wie gut oder wie schlecht es um die Liebe zwischen zwei erwachsenen Menschen steht."

Medien und Zeitgeist im 21. Jahrhundert räumen der gut funktionierenden Sexualität einen hohen Stellenwert für die Gesundheit und das Glück der Erdenbürger (der westlichen Zivilisation) ein. Wer dagegen Probleme oder gar Störungen auf diesem Sektor aufweist, gilt als bedauernswert oder krank. Hier einige statistische Zahlen:

43% der Frauen im Alter von 18-59 und 31% der Männer haben Schwierigkeiten mit ihrer Sexualität (Journal of the American Medical Association, USA, 2006).

Einen fast identischen Zahlenwert ermittelte 1994 die US-amerikanische Health and Social Life Survey: 43% der Frauen und 35% der Männer hatten bei einer repräsentativen Umfrage Funktions- und Appetenzprobleme.

Auch wenn mir die hier genannten Prozentwerte reichlich hoch erscheinen (vielleicht sind gelegentliche Schwierigkeiten, ernsthafte Probleme und zeitüberdauernde Störungen in einen Topf geworfen worden und verzerren damit die Schwere des Erkrankungsbildes), so illustrieren sie doch ein wichtiges Faktum.

Die menschliche Sexualität in unserer Zeitepoche ist recht störungsanfällig. Sexuelle Schwierigkeiten sind in der erwachsenen Bevölkerung weitverbreitet, über den Daumen gepeilt bei jedem dritten Mann und fast bei jeder zweiten Frau. Da ich nicht vorhabe, hier ein Lehrbuch über Sexualstörungen vorzulegen, will ich auf die möglichen Ursachen und Hintergründe dieser Erscheinungen nur sehr kurz eingehen.

Sexuelle Handicaps haben u.a. folgende Entstehungsgeschichte:
- Mit-verursachende genetische Faktoren;
- negative Bindungserfahrungen in der frühen Kindheit, Bestehen einer Hingabestörung;
- sexualfeindliche Erziehung, Ausbildung eines triebfreundlichen Über-Ichs, falsche Überzeugungsmuster;
- sexuelles Traumata durch Missbrauch;
- zufällige sexuelle Versagens-Erlebnisse werden stark überbewertet und verfestigen sich über die Erwartungsangst zu einem reflexhaft ablaufenden Mechanismus;
- zu hohe sexuelle Leistungsanforderungen und Ansprüche an die eigene Person;
- negative Haltungen gegenüber dem anderen Geschlecht (z.B. „Männer sind Schweine!");
- expansive Gehemmtheit;
- große Unzufriedenheit mit der eigenen Beziehung: wirkt sich besonders bei Frauen negativ auf ihr Sexualleben aus.

Die hier vorgebrachte Aufzählung der infrage kommenden Störungsfaktoren bei sexuellen Schwierigkeiten umfasst nur die hauptsächlichsten Gründe, nicht jedoch die vielen möglichen, ganz individuellen. Dem Leser wird aufgefallen sein, dass bereits bei der Besprechung der vielen Konflikte (intra-psychische, interpersonelle, intersubjektive) eine Vielzahl von Störungsquellen für die menschliche Sexualität benannt wurden.

Eigentlich beschreiben ja alle Kapitel meines Buches (*„Oh, diese verrückte Sexualität"*) den Hindernislauf zu einer ersehnten sexuellen Erfüllung. Zu den häufigsten sexuellen Störungen möchte ich noch einige statistische Häufigkeitswerte anführen:

Männer:
Erektionsstörungen, Probleme, eine Erektion zu bekommen oder erregt zu werden 15% (19,2%)[1].
Appetenz-Probleme: Zu selten Lust auf Sex 9% (16%)
Ejaculatio praecox, zu schneller Orgasmus 37% (29%)

Frauen:
Appetenz-Probleme: zu selten Lust auf Sex bis hin zu Aversion gegen Sex 51% (40%)
Problem, sexuell erregt zu werden 30% (18,8%)
Probleme, einen Orgasmus zu bekommen 38% (24,1 – 37%)
(Die jeweils ersten Werte entnehme ich dem Buch von Gunter Schmidt Et al: Spätmoderne Beziehungswelten, 2006).

Die hier aufgelisteten Zahlenwerte sprechen meines Erachtens Bände. Befreite Sexualität sieht anders aus.

Wenn wir die Raumfülle und die große Aufmerksamkeit, die dem Sexus in Presse, Fernsehen, Film und Internet eingeräumt wird, mit dem tatsächlich ausgelebten Sex vergleichen, so tut sich hier doch eine erhebliche Kluft auf. Hinter dem sexualisierten Alltag der westlichen Gesellschaft und der All-Gegenwart von Sex in den Medien verbergen sich ein eher bescheidenes reales Sexualleben und diverse sexuelle Nöte. Auf zwei deutlich werdende Symptome – entnommen der hier vorgeführten Statistik – möchte ich noch beson-

---

[1] Die Prozentwerte in Klammern entstammen – im Vergleich zu den Zahlen der ersten Erhebung – folgender anderer Untersuchung: „Therapie sexueller Störungen: Ein Zukunftsfeld Psychologischer Psychotherapie?" Prof. Uwe Hartmann, Medizinische Hochschule Hannover, Psychotherapeuten-Journal 4/2006.

ders eingehen, weil sie eine unmittelbare Verbindung zur gewünschten Häufigkeit des Geschlechtsverkehrs bei Frauen herstellen.

Frauen verspüren in 40-51% in der Falle wenig oder keine Lust auf Sex und

Frauen haben zweitens in 37% der Fälle Schwierigkeiten, einen Orgasmus zu bekommen.

Britische Forscher beschreiben im Fachmagazin „Procedings of the Royal Society: Biologie Letters, 2003" einen das weibliche Geschlecht betreffenden Fakt:

Die Fähigkeit zum Orgasmus sei demnach bei Frauen hochgradig angeboren. Nur 14% der Frauen erlebten beim sexuellen Akt jedes Mal einen Orgasmus, 16% der weiblichen Spezies kommen nie zu einem Höhepunkt (zitiert aus dem Tagesspiegel vom 9. Januar 2003). Auch in einer Langzeitstudie: „Studentische Sexualität im Wandel", 2015, des Instituts für Sexualforschung und Forensische Psychiatrie des Universitätsklinikums Hamburg-Eppendorf, taucht der Prozentwert 16 auf und will besagen: 16% aller Frauen hatten nie einen Orgasmus, 22% nur selten. Ich nehme an, dass in der Gruppe der Frauen, die wenig Lust auf Sex haben (40-51%), jene 16% + 22% = 38% mit Orgasmus-Problemen enthalten sind. Unter dem Strich stoßen wir hier auf die betrübliche Tatsache, dass knapp die Hälfte aller Frauen (heutzutage, in der westlichen Welt), keinen großen Bock auf Sex hat, im Gegensatz zu den Männern, wo es nur 24% sind, die nicht so recht wollen (letzterer Wert stammt aus: „Spätmoderne Beziehungswelten"). Was also das Lusthaben auf Sex anbelangt, ist jede vierte Frau und jeder zweite Mann mit seinem Liebesobjekt „angeschmiert!" Es herrscht eine ungerechte Verteilung der sexuellen Nöte zu Ungunsten der Männer. Aber Halt! So simpel ist diese Angelegenheit nun auch wieder nicht.

Männer wollen zwar häufiger der sexuellen Lust frönen als Frauen, aber sie haben – im Gegensatz zum weiblichen Geschlecht – auch häufiger „technische" Probleme beim Liebemachen: die Erektion klappt nur halbherzig oder gar nicht; ihr Höhepunkt tritt vorzeitig ein und lässt ihr Glied danach gleich wieder erschlaffen, so dass ihre Partnerin frustriert zurückbleibt.

Männer wollen zwar häufiger, sind aber nicht selten dabei gehandicapt. Frauen mögen es nicht so oft, aber wenn sie es wollen, klappt es bei ihnen in der Regel. Männer müssen beim Sex eine Leistung vollbringen, potent sein und können dabei scheitern. Frauen haben es da einfacher: Notfalls machen sie die Augen zu und lassen die Natur walten.

Unter dem Strich gesehen hat aber jeder von beiden sein Päckchen zu tragen: *Er* leidet darunter, dass *Sie* nicht so oft will wie *Er* und das *Er* nicht kann, wenn *Sie* oder *Er* wollen. Sie leidet darunter, dass *Sie* ihrem Partner gelegentlich oder häufig keine stürmische Geliebte sein möchte, weil sie keine Lust auf Sex hat. Und dass er ihr Vorwürfe macht wegen ihrer Zurückweisung und ein schlechtes Gewissen.

Ein weiteres Argument zu Gunsten der Frauen im Kampf der Schuldzuschreibung unter den Geschlechtern muss noch erwähnt werden: Wenn es stimmt, dass die Fähigkeit zum Erleben eines Orgasmus angeboren, d.h. genetisch bedingt ist, dann tun wir allen jenen Vertreterinnen des weiblichen Geschlechts zutiefst Unrecht, wenn wir sie als verklemmt, sexuell unterbelichtet oder als frigide beschimpfen. Das betrifft diejenigen, die von der Natur das Orgasmus-Talent nicht in die Wiege gelegt bekommen haben. Die Benachteiligten können nichts für ihr Defizit. Sie verdienen unser Mitgefühl für die Schelte, die sie zu Unrecht beziehen. An dieser Stelle bietet es sich an, die Gründe für sexuelle Lustlosigkeit näher zu betrachten, weil sie geradezu ein Leitsymptom unserer gegenwärtigen Zeit und Kultur darstellt. Vorher gilt es aber noch zu differenzieren und einige Fragen zu stellen. Wir müssen unterscheiden, ob eine Person von sich selbst sagt, sie sei lustlos oder ob sie ihrem Liebesobjekt mangelnde sexuelle Lust vorwirft. Oder ob sexuelle In-Appetenz nur heißt: „Ich habe keine Lust, mit dir Sex zu machen!" Also nur eine Hemmung in Bezug auf den eigenen Partner vorliegt, nicht jedoch im Hinblick auf ein fremdes Sexualobjekt, z.B. eine Prostituierte.

In den allermeisten Fällen handelt es sich bei dem hier vorliegenden Symptom nicht um eine primäre Störung, also um einen organischen Defekt (z.B. Hormonmangel) oder um eine von Natur aus sehr schwach ausgeprägte Libido (A-Sexualität: ein grundsätzliches Desinteresse am Sex). Die sexuelle Lusthemmung ist in der Regel ein sekundäres Phänomen, und zwar in Reaktion auf den Partner oder in Reaktion auf eigene innerseelische Hemmfaktoren

entstanden. Wenn eine Person an sexueller Lustlosigkeit leidet, können immer vier unterschiedliche Ursachen-Bereiche dahinterstecken:
- organische Einflussfaktoren (selten);
- aus der Kindheit mitgebrachte neurotische Erlebnismuster oder Missbrauchserfahrungen;
- Gründe, die aus der Beziehungs-Dynamik der Paarverbindung resultieren oder
- desolate Umweltbedingungen, bzw. bestimmte negative gesellschaftliche Verhältnisse.

Häufig kann das beklagte Symptom auch gleichzeitig aus zwei, ja sogar drei der aufgezeigten Gruppen seine Entstehungsgründe beziehen. Im Einzelnen stellt sich die Palette möglicher Ursachen wie folgt dar:
- Die westliche Gesellschaft verlangt ihren arbeitenden Bürgern ein Höchstmaß an Verantwortung, Energie und persönlichem Einsatz ab. Sie sollen immer flexibler und effizienter werden und ohne Murren Überstunden machen. Eine Mehrbelastung durch Beruf, Familie (Kinder) und Stress im Straßenverkehr bei langen Anfahrtswegen bringt den Einzelnen oft an die Grenze seiner Leistungsfähigkeit und lässt ihn ausgelaugt, physisch erschöpft und häufig mit einem Schlafdefizit zurück. Sein Zeitbudget ist stark eingeschränkt. Wenn er abends nach getaner Alltagsbewältigung ermattet in einen Sessel sinkt, ist er oft nur noch fähig, in die Glotze zu schauen. Seine Lebensgeister sind auf dem Nullpunkt angelangt. Er hat zu nichts mehr Lust und Kraft, auch nicht zu Sex. Kommen zu dieser desolaten Situation noch ganz persönliche Nöte hinzu – finanzielle Probleme, Krankheit, drohende Arbeitslosigkeit oder Sorgen mit den Kindern – so geht es nur noch ums Überleben. An die Freuden der Sinnlichkeit ist für ein „erschöpftes Selbst" (Alane Ehrenberg) unter solchen Umständen kaum noch zu denken.
- Sexuelle Lustlosigkeit kann auch die Folge einer langweilig gewordenen Langzeitbeziehung sein. Für manche Menschen nutzt sich der sexuelle Reiz-Wert ein und desselben Partners mit der Dauer der Paarverbindung erheblich ab und tendiert irgendwann gegen Null. Zur sogenannten Liebesbegabung

gehört eben auch, das Feuer der Sinnlichkeit über weite Strecken des Zusammenlebens auf einem reizvoll hohen Level zu halten, bzw. es immer wieder aufs Neue anzufachen. Es gibt Paare, die sich nach drei bis vier Jahren Beziehung sexuell gleichgültig sind und auf der anderen Seite solche, die noch nach der goldenen Hochzeit ab und an befriedigenden Sex haben.

- Beim Vorliegen eines Bedürfnisgefälles – er will viel häufiger Sex als sie – kann es zu einer sexuellen Lusthemmung auf Seiten der Frau kommen. Dann ist aus dem gegenseitigen Geschenk der Liebe eine Pflichterfüllung geworden. In dem Maße, wie er Sex einfordert und immer drängender wird, verliert sie ihr triebhaftes Bedürfnis. Der aufgebaute Druck erstickt schon im Vorfeld eine mögliche Erregung bei ihr.
- Der größte Gegenspieler im Bereich von Liebe und Sexualität ist die partnerbezogene negative Emotion, die offen erlebt wird, mühsam gedeckelt oder nicht-bewusst sein kann. Hier stehen an erster Stelle: chronischer Ärger, Enttäuschungswut oder gar eine mehr untergründige Feindseligkeit, die bis hin zur Ablehnung des Partners reichen kann.
„Ich will dir keine Befriedigung verschaffen, denn du hast sie nicht verdient!" ist hier das Motto. Damit sind natürlich noch nicht die Ursachen aufgezeigt, die eine Person veranlassen, so enttäuscht, wütend und verbittert zu sein.
- Ein typisch weiblicher Grund, die Lust am Sex zu verlieren, liegt im Geschlechterkampf begründet. Sobald eine Frau von emanzipatorischen Bestrebungen erfüllt ist und um ihre gefährdete Selbstbestimmung in einer Paar-Dyade kämpfen muss, verweigert sie das, was er so dringend will, nämlich Sex. Hat sie allerdings bereits resigniert aufgegeben, weil sie inzwischen total in die Defensive gedrängt und fremdbestimmt wurde durch ihren Mann, dann bleibt ihr nur ein Ausweg: die sexuelle Verweigerung als letzte Zufluchtsstätte der Selbstbewahrung.
- Eine sexuelle Lusthemmung kann auch immer das Ergebnis und die letzte Konsequenz einer schlechten Beziehung sein, unter anderem dann: wenn Paare in Machtkämpfe verwickelt sind; miteinander konkurrieren; heil-los zerstritten sind; unter

erheblichen Konfliktspannungen stehen; eine ungerechte Lastenverteilung in der Ehe herrscht; eine gestörte Balance vom Geben und Bekommen vorliegt („Ich investiere in die Beziehung viel mehr, als ich heraus bekomme!"); die Gleichrangigkeit gefährdet ist („Er nutzt seine Karriere-Chancen und ich versaure daheim bei den Kindern!") usw., usw. Letztendlich kann jeder Konflikt, jede Ungerechtigkeit, jedes chronische Missverstehen, jeder Affront das Paar auseinander dividieren, die gegenseitige Zuneigung zerstören und die Lust aufeinander zum Verschwinden bringen.

- Angst in jeglicher Form ist, neben Ärger, Wut und Feindseligkeit, die zweite große, fast universelle Lust-Verhinderungsmacht!

Sobald sie in einer intimen Situation bereits in Spuren auf den Plan tritt, kommt es zu einem reflexhaften Abschalten aufkommender lustvoller Erregung. An anderer Stelle in diesem Buch werden die sexuellen Hemmfaktoren aufgezählt, unter denen sich auch diverse Ängste befinden. Ich kann mir hier eine Wiederholung ersparen, will aber dennoch ein paar erwähnen:

Versagens-Angst: insbesondere bei Männern in Bezug auf das Zustandekommen einer Erektion; Angst, kein guter Liebhaber zu sein.

Gewissens-Angst: es liegt ein inneres Sex-Verbot vor.

Angst vor Nähe und Intimität – die in einer sexuellen Situation entstehen können.

Angst vor Abhängigkeit: Ich könnte dem Anderen hörig werden.

Angst, der sexuelle Akt mündet wieder in eine Enttäuschung und lässt mich unbefriedigt zurück.

- Eine letzte Form der Lusthemmung – und zwar gegenüber dem anderen Geschlecht – stellt die unbewusste oder verkappte Homosexualität des Mannes dar. Um dem Normalitätsanspruch der Gesellschaft, der eigenen Familie oder des Freundeskreises oder aber dem eigenen Wunsch, wie die anderen, hetero zu sein, freunden sie sich mit Frauen an, ja, schließen manchmal sogar eine Ehe und bekommen Kinder. Häufig recht bald, manchmal aber erst nach Jahren, verlieren sie alle sexuelle Lust auf ihre Partnerin und riskieren in einem oft schmerzvollen Prozess ihr coming-out als Homosexuelle. Sie waren bei Frauen an der falschen Adresse.

Sexuelles Suchtverhalten
Friedrich Nietzsche hat einmal – sinngemäß – den Gedanken formuliert, man müsse eine menschliche Lebensäußerung daraufhin befragen, ob sie aus einem Überfluss der Gefühle und des Begehrens oder aus einer emotionalen Not heraus geboren werde. Diese Überlegung können wir auch auf jene Menschen anwenden, die ein Übermaß an Sexualität ausleben. Tun sie dies aus einer Fülle an vitaler Spannkraft, Triebstärke und überbordender Daseinsfreude? Oder aus einer emotionalen Notsituation heraus, um z.B. eine Depression, eine innere Leere, eine unerträgliche Konfliktspannung oder ein quälendes Sinnlosigkeitsgefühl abzuwehren und zu beschwichtigen? Was den ersten Fall betrifft, so gibt es Beispiele aus der Biografie berühmter Persönlichkeiten, die durch ein stark gesteigertes Sexualleben aufgefallen sind, wie etwa Giacomo Casanova, Katharina die Große oder George Simenon. Ihnen würde ich keine neurotische Störung attestieren, sondern pure Sinneslust und deren unbekümmerten Genuss. Anders dagegen verhält es sich mit dem krankheitswertigen Symptom: Sex-Sucht. Sie folgt, wie eigentlich alle Süchte, einem bekannten Mechanismus der Entstehung. Sexualität ist – ähnlich wie Alkohol, Nahrung, Drogen – ein initialer Freudenspender. Sie kann für kurze Zeit Spannungen abbauen, ein gewisses Sättigungsempfinden erzeugen, beruhigen, ein Leeregefühl vertreiben, das Selbstwertgefühl stärken und Ängste bannen. Der Betreffende wird für sein sexuelles Agieren in Form eines emotionalen Auftriebs belohnt. Da aber die Droge Sex sein seelisches Dauerproblem nur für kurze Zeit außer Kraft setzt, muss der Agierende nachlegen, um sich besser zu fühlen. Auf diese Weise entsteht eine Art Wiederholungszwang: um sich erneut einigermaßen zu stabilisieren, greift er auf dasselbe Mittel – in unserem Fall Sexualität – zurück, aber mit fatalen Folgen.

Die Wirkung einer Droge nutzt sich im Laufe der Zeit immer mehr ab. Um dennoch in den Genuss ihres Gewinns zu kommen, ist eine Dosis-Erhöhung notwendig. Der Sexsüchtige muss die Frequenz seiner sexuellen Abenteuer steigern, hinter seinem täglichen

„Fickbrot" hinterher hecheln, sich geradezu aufreiben bei der Suche nach immer neuen Sexualobjekten. Inzwischen geht es ihm gar nicht mehr um sexuellen Genuss, sondern nur noch um sein emotionales Überleben mittels einer nur kurz wirksamen Triebbefriedigung.

Auch hier wird uns, in Form der Sex-Sucht, wieder einmal die ins Paradoxe abrutschende menschliche Sexualität vor Augen geführt. Ursprünglich von der Evolution zur Fortpflanzung bestimmt, haben wir Menschen gelernt, sie zu reinen Genuss-Zwecken zu verwenden. Dagegen ist allerdings nichts einzuwenden. Aber dass sie auch zu einer Art Droge umfunktioniert werden kann, um seelisches Leid zu dämpfen, bei dieser Veranstaltung dann aber ausufert und selber zur Krankheit wird, die behandelt werden muss, ist mehr als verrückt.

Zum Schluss des Kapitels möchte ich ein heikles Thema ansprechen. Ich hoffe nur, dass es mir von meinen Leserinnen nicht als frauenfeindlich ausgelegt wird. Worum geht es? Manche Frauen, die generell wenig bis keine Lust auf Sex haben, verbergen in der Anfangsphase einer neuen Beziehung diese ihre wahre Natur. Aus Liebe zu ihrem Liebsten machen sie erst mal ohne Zögern mit, weil Sexualität – wie sie wissen oder gelernt haben – zu einer Paarverbindung dazugehört. Sie freuen sich darüber, begehrt zu sein und nehmen partizipatorisch an der sexuellen Befriedigung des Mannes teil. Für sie rangiert der Sex unter: intensivem Nähe-erleben, enger Körperberührung und der Gelegenheit, den Anderen ganz für sich zu haben. Einige bemogeln sich selbst und glauben eine Weile daran, auch an den sexuellen Begegnungen einen gewissen Spaß zu haben. Sie möchten eine ganz normale, aufgeschlossene und sexuell liebesfähige Partnerin sein und einem Mann das bieten können, was ihm auch jede andere normale Frau bieten würde. Natürlich hält sie diese Einstellung nur für eine begrenzte Zeit durch. Nach ein, zwei Jahren, wenn der Zauber der Verliebtheit verflogen ist und tägliche Widrigkeiten den Alltag eindüstern, fällt die betreffende Frau auf ihr ursprüngliches Temperament zurück. Sie gesteht sich ein, dass sie eigentlich den Sex nicht mag und ist nun nicht mehr bereit, sich dauernd zu verbiegen und nur dem Mann zuliebe etwas zu tun, was ihr widerstrebt. Nach und nach schränkt sie den Verkehr immer mehr ein. Ihrem Partner wird jetzt erst deutlich, was er sich mit seinem Liebesobjekt für einen Fisch an Land gezogen hat.

Wenn für ihn selber die Sexualität eine untergeordnete Rolle spielt, wird er sich mit der mageren sexuellen Kost notgedrungener-maßen abfinden. Wenn er aber ein lebhaftes sexuelles Temperament besitzt, gerät er in arge Nöte. Jetzt stehen ihm nur noch zwei Wege offen: entweder er trennt sich oder er wird zu einem notorischen Fremdgänger.

10
Was fördert und was schwächt die sexuelle Leidenschaft innerhalb einer Paarbeziehung

Wir wollen auch hier nicht zu stark verallgemeinern. Was die sexuelle Begierde eines Menschen anheizt, ist natürlich auch von der Struktur seines Charakters abhängig. Den Einen turnen z.b. sexuelle Vulgärausdrücke und säuische Phantasien aus dem Mund seines Partners während des Geschlechtsverkehrs enorm an. Ein zweiter fühlt sich davon abgestoßen und durch diese vulgären Verbalien in seiner Lust gebremst. Aber trotzdem gibt es so etwas wie Trends, nämlich Ereignisse, Umstände und bestimmte Verhaltensweisen des Geschlechtspartners, die bei vielen Menschen die sexuelle Leidenschaft befeuern.

Bevor ich nun die sexuellen Muntermacher (ich unterscheide sechs Gruppen) besprechen werde, will ich wieder ein Wort über mein Lieblingsthema, nämlich die „Verrücktheiten in der Liebe" fallen lassen. Auch hier, im Bereich sexueller Stimulation, treffen wir erneut auf ein Paradoxon: Vieles nämlich, was die liebevolle Bezogenheit und die Zuneigung eines Paares untereinander verbessert und stärker werden lässt, nutzt nicht gleichzeitig der sexuellen Begierde aufeinander, sondern schadet ihr eher. Hierzu ein Beispiel:

In der Anfangsphase einer Beziehung – Er und Sie überschlagen sich in Liebesbeteuerungen und gegenseitiger Wertschätzung – kann es zu ausgedehnten Streichelorgien und symbiotischen Verschmelzungsprozessen kommen. Die beiden gleiten in einen seligen Zustand des körperlichen und seelischen Eins-seins, kommen gar nicht mehr aus dem Bett, küssen sich die Lippen wund und schwelgen in Harmonie. Mit Verwunderung, aber auch mit leichter Sorge stellen sie fest, dass ihre sexuellen Bedürfnisse gegen Null tendieren. Und obwohl sie sich „doch so sehr lieben", nackt an nackt gepresst daliegen, und eine konfliktfreie Beziehung führen, herrscht tote Hose. Was ihre Liebe beseligt und stärkt, schadet offenbar ihrer Sexualität. Ich werde an anderer Stelle eine Erklärung dafür abgeben.

Aber nun zu den versprochenen sexuellen Anturnern:
Erstens: Ich werde zuerst ein Trio von Umständen aufzeigen, die alle eine übergeordnete Gemeinsamkeit haben, nämlich die mehr oder weniger große Herstellung von Distanz: Ein Liebesobjekt entfernt sich aus der Paarverbindung und steigert damit seine sexuelle Attraktivität. Hier greift ein uraltes Gesetz: Was man nicht oder nicht mehr besitzt, ist besonders erstrebenswert.

Fall Eins: Der Protagonist befürchtet eine mögliche Untreue seines Partners. Er reagiert eifersüchtig auf das Interesse einer fremden Person an seinem Liebesobjekt. Die Tatsache, dass sein Partner von jemand anderem begehrt wird oder so viel Aufmerksamkeit erfährt, wertet ihn auf. Plötzlich sieht er ihn mit neuen Augen, findet ihn attraktiv und sexy und spürt auch wieder vermehrte Lust, mit ihm zu schlafen.

Fall Zwei: Die Lebensgefährtin hatte eine Affäre mit einem anderen Mann oder steckt mittendrin. Ein Verlassenwollen der bestehenden festen Paarverbindungen besteht ihrerseits aber nicht. Ihr Partner schäumt vor Wut und gekränktem Stolz, als er von dem Fremdgang seiner Frau erfährt. Aber das erste, was er in seiner maßlosen Erregung tut: Er wirft sie auf das Bett und „vergewaltigt" sie aus rasender Begierde und dem Drang, sie wieder erneut in Besitz zu nehmen. Neben all der Empörung über ihr unmögliches Verhalten spielt bei ihm die neu angefachte Leidenschaft eine große Rolle: ein triebhaftes Begehren nach einer Frau, die sich ehebrecherisch in den Gefilden verbotener Lust getummelt hat und von daher gesehen den Geruch von Sünde und raffinierter Verführungskunst an sich trägt. Sie begehrt er nun aufs heftigste.

Fall Drei: Es geschieht nicht selten, dass Paare während oder nach einem sehr schmerzvollen und konfliktreichen Trennungsprozess übereinander herfallen und erfüllenden Sex miteinander haben, obwohl eindeutig feststeht: Wir sind getrennt und wollen es auch bleiben. Es gibt kein Zurück mehr. Auch hier kommt ein Mechanismus zum Tragen, der bereits im Fall Eins und Fall Zwei wirksam war, nämlich das stark erhöhte Erregungsniveau. Krisenhafte Ereignisse innerhalb einer Partnerschaft, Konflikte und daraus resultierende heftige Streitszenen peitschen die Nerven der daran Beteiligten auf. Es wird u.a. mehr Adrenalin ausgeschüttet, das Gehirn mit Botenstoffen geflutet. Nicht selten springt diese Überstimulation auf das sexuelle Erregungszentrum über und stachelt die triebhafte Begierde an: Sex als Mittel, überreizte Nerven zu beruhigen.

Wer ausgiebig und lange genug seine Enttäuschung und Wut in Form heftiger Verbalattacken gegen sein einstiges Liebesobjekt ausdrückt, baut dieses Aggressionspotenzial vorübergehend ab und macht den Weg frei für andere Empfindungen. Plötzlich tauchen positive Bilder aus früheren guten Zeiten wieder auf und der Betreffende erinnert sich, dass er seinen Partner ja einmal auch geliebt hat. Diese wehmütig wahrgenommenen Liebesgefühle können einen kurzfristigen Sog entfalten und die Zerstrittenen einander in die Arme treiben. Hierzu kommt eine schmerzlich empfundene Einsamkeit. Distanz macht einsam und weckt die Sehnsucht nach der vertrauten Körperlichkeit des einstigen Partners. Auch jetzt kann es wieder zu einer paradoxen Reaktion kommen, die wir aus Kindertagen alle kennen: Das von seiner Mutter abgestrafte weinende Kind braucht Trost, um mit seinem Kummer fertig zu werden. Und was tut es in dieser Situation? Es flüchtet auf den Schoß der Mutter, also auf den des Aggressors, der ihm seine Schmerzen zugefügt hat. Etwas Ähnliches tut der einsame, trostbedürftige und nun verlassene Partner, wenn er die sexuelle Wiederbegegnung mit seinem augenblicklichen Hassobjekt sucht.

Auch wenn es nicht um Trennung oder Untreue geht, sonder nur schlicht um einen heftig ausgetragenen Wortwechsel innerhalb einer bestehenden Beziehung: Jeder Krach schafft erst einmal Distanz und erhöht damit die erotische Spannung des Paares. Berühmt und häufig zutreffend ist deshalb auch die Weisheit: Streit bringt Sex. Harmonie als Dauerzustand in einer Paarverbindung schläfert die sexuelle Begehrlichkeit auf den Anderen ein, bzw. lenkt sie aus der Dyade nach draußen, nämlich auf die Kirschen in Nachbars Garten. Sexuelle Wünsche sind nur bedingt an ein Liebesverhältnis gekoppelt, obwohl in der Frühzeit einer Beziehung beide Aspekte in der Regel zusammenfallen: Wer verliebt ist, begehrt den Anderen auch sexuell.

Zweitens: Was dagegen fast immer sexuell stimulierend wirkt, ist das Element des Neuen, Fremden, Überraschenden und Ungewohnten im Bereich der sinnlichen Liebe. Dazu einige Beispiele:
Im Hotelbett statt im eigenen Schlafzimmer miteinander Sex zu treiben.
Im Negligé, in Reizwäsche und High Heels erscheinen statt im wollenen Liebestöter.
Sex im Fahrstuhl oder der Damentoilette mit dem Risiko, entdeckt zu werden.
Getrennt schlafen mit eingeschränktem Besuchsrecht, bzw. sexuellen Sperrstunden (Verknappungsprinzip).
Der bisher passive Partner ergreift die Initiative und schlägt eine neue Stellung vor.
Eine Ganzkörpermassage des Partners bei Rotlicht.
Statt Streicheln den Anderen zu einem Ringkampf animieren.
Mal ohne die Kinder verreisen und die Hochzeitsroute wiederholen.
Sich gemeinsam Pornos angucken, usw.

Drittens: Ein die Liebe stimulierendes Ingredienz ist die perfekte Passung und das beglückende Zusammenspiel im Team: sei es bei einem sportlichen Wettbewerb, im Bergklettern oder bei der Verwirklichung eines sehr begehrten gemeinsamen Ziels (z.B. Geschäftseröffnung). Auch eine geteilte Begeisterung für dasselbe Hobby, für Musik, Malerei oder das Reisen in ferne Länder, triggert immer wieder auch die Freude am Anderen. „Gemeinsam etwas Schönes erleben!" gilt als eine sehr häufig ausgesprochene Empfehlung im Rahmen von Paartherapien.

Viertens: Und dann gibt es ja auch noch die großen Leidenschaften, das gegenseitige Sich-verfallen-sein: Wenn der Sex die Grenze zum Metaphysischen überschreitet und das Paar dem Zauber einer überwältigenden Liebe verfällt. Aber immer – so auch bei den Frauengestalten der Weltliteratur (Madame Bovary, Kameliendame, Anna

Karenina) - ist die Leidenschaft dieser bedingungslos Liebenden durch äußere Gefährdungen und moralische Bedenken in ihrem Bestand bedroht, spielen Risiko und das Verbotene, Schmerz und Seelennot eine überragende Rolle. Hier werden Seligkeit und Glück mit der Münze des Leidens bezahlt. Ja, wahrscheinlich sind es ja gerade die schicksalshaft bedingten Hindernisse, die ein dauerhaftes Miteinander unmöglich machen, die aber auf der anderen Seite die Leidenschaft anheizen und auf ihren Gipfel treiben.

Kulturkritiker und Soziologen unserer gegenwärtigen Epoche beklagen die Enttabuierung des Sexuellen in unserer Zeit und damit seinen Absturz in die lauwarmen Gefilde eines Konsumartikels. Gerade weil heutzutage keine Stoppschilder mehr in Bezug auf Sex existieren und die Gefahren bei seiner Ausübung ebenfalls minimiert sind (Antibabypille, weniger Geschlechtskrankheiten), habe er an Größe und Stellenwert in der menschlichen Bedürfnispyramide verloren. Auch hier begegnen wir wieder einem Paradoxon: Sex ist leichter zu haben, gefahrloser zu praktizieren und nicht mehr vom Sündengeruch des Verbotenen umgeben. Eigentlich müsste das die Lebensqualität der Menschen in der westlichen Welt ja erhöhen und freudig in die Hände klatschen lassen. Aber eher das Gegenteil ist der Fall. Seine leichte Erreichbarkeit entwertet ihn ein Stück weit und verweist ihn auf einem niedrigeren Rang in der Liste der begehrenswertesten Ziele.

Fünftens: Jede Art von Anstrengung, die Körper und Seele in einen positiven Erregungszustand versetzt und die Ausschüttung diverser Gehirnbotenstoffe bewirkt (Dopamin, Adrenalin, Testosteron, Oxytocin, Endorphine etc.), steigert auch die sexuelle Lust. Dabei denke ich z.B. an: eine glücklich überstandene Gefahr, ein gewonnenes Fußball-/Tennis-Spiel, eine gut bestandene Prüfung, ein Tausendmeterlauf mit einer guten Zeit, eine beklatschte Theateraufführung, Gewinner sein, wo auch immer; eine gelobte Rede gehalten haben usw. Der Siegesrausch im Anschluss an einen gewonnenen Kampf oder ein gewonnenes Spiel, und Sport als Energiebringer sind bekannte Stimuli und wecken bei manchen Menschen vermehrte Lust auf Sex. Dass Drogen wie Alkohol oder Kokain oft dasselbe bewirken – diesmal ohne aktives Dazutun – ist als Wissen inzwischen weit verbreitet.

Und was schwächt die sexuelle Leidenschaft:
Im Zeitalter der Spätmoderne beklagen wir allerdings eher die Einbuße an sexueller Libido und fragen nach den Gründen: Warum haben in der gegenwärtigen Zeit so viele Zeitgenossen immer weniger Bock auf Sex? Was sind die Ursachen für die abnehmende sexuelle Begehrlichkeit auch dort, wo Mann und Frau in gesichertem Rahmen zusammenleben? Warum blüht und gedeiht sexuelle Leidenschaft – eingehegt in den schützenden Zaun einer Ehe oder Lebenspartnerschaft – dort oft so überaus kümmerlich? Warum garantieren Nestwärme und Geborgenheit in einer vertrauten Beziehung nicht wilde Bettfreuden?

Wer die Antriebskräfte für sexuelles Glück – in diesem Kapitel beschrieben – aufmerksam gelesen hat, braucht nur zu jedem einzelnen Plus-Punkt das jeweilige Gegenteil zu bilden und hat schon die Antwort parat. Es sind: die eingefahrene Verhaltensroutine; das dämpfende Gleichmaß; die mangelnde Abwechslung in der Art, sich sexuell zu begegnen; das Fehlen von Überraschung, Risiko und sexueller Phantasie: die Menschen in ihrer Lust erlahmen lassen. Wer zu viel Symbiose lebt; sein Äußeres vernachlässigt, d.h. unappetitlich wird; zu ausgiebig über Sex redet und zu viel problematisiert; wer an seinem Liebesobjekt während des Geschlechtsverkehrs herumnörgelt oder es gar kritisiert; wer seinem Partner ständig und zu jeder Zeit seine sexuellen Wünsche erfüllt, ohne selber Spaß daran zu haben; körperliche Nähe im Übermaß anbietet – der trägt zum beiderseitigem Abtauen von sexueller Lust kräftig bei.

Natürlich gibt es neben den eben aufgezählten noch unendlich viele, speziell auf die individuelle Person bezogene Lustbremsen, die etwas mit der besonderen Geschichte des betreffenden Paares zu tun haben.

Die Soziologin Prof. Christine Wimbauer hat in ihrem Buch: *„Wenn Arbeit Liebe ersetzt",* ihrerseits einen speziellen Grund für unsere modernen Liebesprobleme ausgemacht. Liebe werde heutzutage durch Erfolgsstreben substituiert und müsse hinter der Karriere von Mann und Frau zurückstehen. Anstelle von Liebesanerkennung – früher die wesentliche Grundlage für unsere Identität – stehe in der heutigen Kultur die Leistungsanerkennung: wir definieren in der Arbeitswelt. Die hohen Anforderungen auf dessen Gebiet laugen den Mensch aus. Ihnen bleiben deshalb wenig Zeit und Energie für die Liebe. Der Sex tritt in den Hintergrund.

Zum Schluss noch eine Bemerkung, die in die entgegengesetzte Richtung zieht:
Es gibt begnadete Paare, die es fertig bringen, den Fluss ihrer Liebesgefühle und ihre Anziehungskraft füreinander über Jahrzehnte, ja sogar bis in das hohe Alter hinein, nicht abreißen zu lassen. Und die ihre liebevolle Verbundenheit mit regelmäßigem und lustbetontem Sex untermauern. Hier paaren sich ein glückliches Schicksal und ein besonderes Talent.

11
Der verweigerte Sex

Sexuelle Zufriedenheit speist sich natürlich auch aus der Passung, der emotionalen Symmetrie eines Paares und aus der Qualität seiner Beziehung. Wenn die sexuellen Bedürfnisse der beiden nicht miteinander harmonieren, sexuelle Sehnsuchtsschübe keine entsprechende Resonanz finden oder ersehnte Praktiken des sexuellen Umgangs miteinander keinen Eingang in die gelebte Realität finden, dann kommt es auf Seiten des Bedürftigeren mit Sicherheit zu Enttäuschungen und Frustrationen.

Häufig sind sexuelle Probleme auch die Folge einer mangelhaften Kommunikation zwischen Mann und Frau. Die aufkommende Unzufriedenheit des Einen bleibt oft im Verborgenen, weil der Betroffene Hemmungen hat, seine unerfüllten sexuellen Wünsche preiszugeben: wie oft und wie er es möchte. Besonders Männern fällt es schwer, über ihre Sehnsüchte und sexuellen Bedürfnisspannungen zu reden, und in welche Not sie geraten, wenn Befriedigung ausbleibt. Sie sagen ihrer Partnerin nicht: „Ich begehre dich oft! Es tut mir weh, dann nicht mit dir schlafen zu können, weil du Unpässlichkeit signalisierst. Ich leide unter unserer zeitweiligen Abstinenz. Ich wünsche mir öfter ein Schäferstündchen. Wenn ich auf dem Trocknen sitze bleibe, fühle ich mich total nervös, unkonzentriert und schlechter Laune. Du bist eine so attraktive Frau. Ich Glückspilz sitze bei dir an der Quelle, aber darf nicht aus ihr tanken. Das tut weh! Was kann ich tun, um dich geneigter zu machen oder dir eine Freude zu bereiten, damit du entspannter wirst und mehr Lust verspürst?"

So und ähnlich könnte ein Partner auf seine Entbehrungen hinweisen, ohne dabei dem Anderen Vorwürfe oder Schuldgefühle zu machen. Sex zu bekommen ist keine Selbstverständlichkeit, sondern ein Geschenk auf Gegenseitigkeit. Wenn der Bedürftige diese Haltung seinen Partner spüren lässt, wird der Andere nicht unwillig oder gekränkt reagieren, sondern in der Regel bereit sein, dem Bedürftigeren entgegen zu kommen.

Leider aber spricht der Frustrierte eher selten über seine leidvolle Situation und was die Entbehrungen innerseelisch mit ihm machen. Sein Partner bekommt in der Regel nicht seine erste, d.h. ursprüngliche Reaktion („Mir geht es schlecht!") mitgeteilt, sondern die sekundäre. Dieser zweite Schritt als Antwort auf seine innere Not besteht oft aus spitzen Bemerkungen, Vorwürfen, aus geäußertem Ärger oder gekränktem Rückzug, die in ihrer Wirkung die Distanz zwischen ihr und ihm noch vergrößern und total kontraproduktiv sind.

Ich möchte das eben nur Angedeutete jetzt noch ausführlicher darstellen und unterteile es in drei Themenbereiche:

a) wie – auf welche Art und Weise – verweigert sich der Partner?
b) was löst die Verweigerung des Einen in der Seele des Anderen an Gedanken, Gefühlen und Impulsen aus?
c) und wie reagiert der Partner auf die Zurückweisung in Form eines bestimmten Verhaltens?

Zu a) Art und Weise der Verweigerung
- Die souveränste und reifste Form einer Verweigerung wäre ein freundlich-liebevoll vorgebrachtes, aber bestimmtes Nein, verbunden mit einer plausiblen Begründung. Der Zurückgewiesene könnte von seinem Partner noch ein tröstendes Wort hören; gesagt bekommen, dass seine Enttäuschung gut einfühlbar ist und er in absehbarer Zeit eine Wiedergutmachung erhält.

„Du, es tut mir leid, aber ich bin heute überhaupt nicht in der Stimmung, mit dir zu schlafen. Ich hatte heute Ärger im Büro, Streit mit Frau Maier, und der Chef hat mal wieder ungerechterweise für sie Partei ergriffen. Das geht mir nicht aus dem Kopf. Ich kann verstehen, dass du jetzt enttäuscht bist und dir den Abend anders vorgestellt hast. Verschieben wir doch unser Schäferstündchen auf morgen."

- Weniger beziehungsfördernd kommt dagegen ein schroffes „Nein" an, das nur die Stimmungslage des Verweigerers berücksichtigt und sich wenig darum schert, was seine Absage mit dem Partner macht.

„Nein, ich will nicht, hab keinen Bock auf Sex."
Das klingt lieblos und stellt den Anderen in seiner Bedürftigkeit bloß. Außerdem erfährt der Partner auch nicht, warum der Ablehnende diese schlechte Laune hat. Ein hartes Nein kann als ein aggressiver Akt oder als eine Art Bestrafung erlebt werden.

- Der Gebrauch einer Ausrede ist mit die häufigste Art und Weise, einen Wunsch nach Sex von Seiten des Partners zurückzuweisen.

Sie/Er scheut sich, dem Anderen offen die eigene Unlust mitzuteilen. Er/Sie greift zu einer Notlüge, um den Partner nicht zu verletzen. Das Repertoire an Ausreden umfasst viele Facetten:

- Ich bin zu müde, mir fallen die Augen zu.
- Ich bin zu erschöpft und ausgelaugt nach diesem anstrengenden Tag. Ich habe keine Energie mehr, um Liebe zu machen.
- Ich habe solche Kopfschmerzen/Rückenschmerzen, die lenken mich total ab, da kommt erst gar keine Lust auf.
- Ich bin schonungsbedürftig: nach dieser Krankheit, Krise, Aufregung!
- Ich muss morgen früh aufstehen und fit und ausgeschlafen sein. Ich muss meine Kräfte für etwas anderes aufsparen.

- Eine andere Form, sich innerlich zu verweigern, ist das beleidigte Mitmachen. Die betroffene Frau wagt keinen offenen Widerstand und auch kein klares Nein, weil sie aggressiv gehemmt ist oder Sex als eine zu erbringende Pflichtleistung in der Ehe ansieht oder aber den wütenden Protest ihres Mannes fürchtet, falls sie sich verweigern würde.

- Sie verfällt stattdessen in eine Art Duldungsstarre und lässt den Geschlechtsverkehr unbeteiligt über sich ergehen. Während er keuchend auf ihr liegt, stellt sie in Gedanken den morgigen Einkaufszettel zusammen.
- Eine raffinierte Taktik, das erwartete sexuelle Angebot des Mannes/der Frau schon im Vorfeld abzuschmettern, besteht darin, einen Streit vom Zaun zu brechen.

Manche Männer/Frauen haben ein feines Gespür für erotische Signale und „riechen" schon im Voraus, ob ihr Partner/ihre Partnerin in Richtung Sex-Kurs steuert. Da sie selber aber keine Lust auf Geschlechtsverkehr haben, müssen sie die begehrliche Gestimmtheit des Anderen rechtzeitig torpedieren. Zu diesem Zweck geben sie sich missgelaunt, unfreundlich oder ziehen einen Streit an den Haaren herbei. Sie nörgeln, zanken oder zicken solange herum, bis die häusliche Atmosphäre gründlich vergiftet ist, so dass unter diesen Umständen an Sex überhaupt nicht mehr gedacht werden kann. Ziel erreicht!

- Sexuelle Ambitionen des Partners abzuwehren, gelingt auch, in dem man die notwendigen Rahmenbedingungen für Sex so verändert, dass sie kein Schäferstündchen mehr zulassen. Auf diese Weise werden äußere Hinderungsgründe geschaffen oder vorgeschoben und eigenes Verschulden damit ausgeschlossen. Menschen sind sehr fantasiebegabt im Ausdenken von Ausreden:

Eine Frau lässt ihre Mutter mehrmals im Jahr, und das über Wochen, in ihr Heim zu Besuch kommen. Während ihrer Anwesenheit ist es ihr unmöglich, mit ihrem Mann Sex zu haben.

Eine Frau holt ihren trennungsängstlichen kleinen Sohn zum Schlafen ins Ehebett. Von diesem Zeitpunkt an ist sie gehemmt, den Geschlechtsverkehr auszuüben.

Ein Mann lehnt es ab, im Urlaub Sex zu machen, weil die Wände des Hotelzimmers so dünn und hellhörig sind.

Eine Muslima nimmt die Fastenzeit sehr ernst und vertritt die Glaubensüberzeugung, dass man während dieser Periode auch nachts weder küssen noch bumsen dürfe.

Ein Mann, der den Tod seines Vaters betrauert, möchte sich im Trauerjahr „sexuell zurückhalten".

- Ein letztes Beispiel für eine Sex-Verhütungsmöglichkeit sei aufgeführt. Es ist dies: Krankheit!

Menschen bringen es fertig, krankheitswertige Symptome zu entwickeln, um keinen Sex haben zu müssen. Oder aber sie benutzen eine Krankheit als Vorwand, um der Pflicht zum Geschlechtsverkehr zu entgehen. Da sind einmal die auf die Genitalregion bezogenen Beschwerden wie: Blasenentzündungen, diffuse Unterleibsbeschwerden, häufig Scheidenpilze, Schmerzen beim Geschlechtsverkehr ohne organischen Befund, Schmerzen bei der Ejakulation.

Es gibt zweitens bestimmte hypochondrische Befürchtungen, die sich auf das Erregungspotenzial von Sexualität beziehen. Der Betreffende glaubt, dass Aufregung seinen angeschlagenen Gesundheitszustand noch zusätzlich verschlechtern könnte. Deshalb versucht er alles zu meiden, was Körper und Seele in Wallung bringt. Liegt eine wie immer geartete organische Krankheit vor, so kann diese von manchen Individuen mit Schwäche und körperlichem Schwachsein assoziiert werden. Der Erkrankte besitzt damit automatisch und zu Recht ein natürliches Schonungsbedürfnis. Ihn sexuell zu belästigen wäre unter diesen Umständen eine empörenswerte Zumutung.

Zu b) Was denkt und fühlt der sexuell Zurückgewiesene

Sexuell nicht zum Zuge zu kommen, obwohl man den Wunsch danach hat, stellt für die meisten Individuen eine Frustration dar. Der persönliche Betroffenheitsgrad infolge dieser Versagung ist allerdings von Mensch zu Mensch verschieden ausgeprägt, je nachdem wie groß der Triebdruck ist, bzw. wie nötig der Betroffene das sexuelle Beisammensein hat. Es gibt drei unterschiedliche Reaktionsmöglichkeiten auf diese Art der Enttäuschung:

Erstens: objektbezogen!

Der Zurückgewiesene ist gekränkt, empfindet in erster Linie Ärger oder Wut wegen dieser Versagung und macht seinen Partner/seine Partnerin für diese hässliche Situation verantwortlich.

„Du bist schuld, dass ich mich jetzt schlecht fühle!" ist seine Überzeugung. Innerlich wertet er sein Liebesobjekt ab, findet dessen Verhalten gemein, unerhört oder einfach nur mies. Der Andere verliert für sie/ihn an Attraktivität.

Zweitens: auf das eigene Selbst bezogen!

Der Zurückgewiesene verbucht die erfahrene Ablehnung auf sein Konto. Er gibt sich die Schuld dafür, dass der/die Andere nicht will, sieht sie als eine Bestätigung seiner mangelnden Attraktivität und seines geringen sexuellen Reizwertes an.

„Was hab ich kleines Würstchen schon zu bieten? Es wundert mich gar nicht, wenn mein Partner keine Lust auf mich hat. Ich mag mich ja auch nicht!"

Hier ist das Opfer in seinen eigenen Augen gleichzeitig der Schuldige an der Misere und nimmt die Verantwortung für das Scheitern der gewünschten sexuellen Begegnung auf sich.

Drittens: auf die Beziehung bezogen

Der Zurückgewiesene hat Verständnis für das Verhalten seines Partners, gibt sich selber aber auch keine Schuld, weil die erhoffte Intimität ausfällt. Er führt die Absage auf den augenblicklich angespannten Zustand der Beziehung zurück und denkt: „Wenn wir unsere augenblicklichen Schwierigkeiten überwinden können, wird es mit dem Sex auch wieder klappen."

Zu c) Welche Reaktion zeigt der Zurückgewiesene

Hier dreht es sich um die Frage, welche Verhaltensantwort der sexuell Frustrierte auf die Absage seines Partners hin parat hat, also wie er seinem Unmut Luft macht. Zuerst führen wir hier:
- die reife Form der Antwort an:

Sie läge in einer humorvollen Bemerkung, die zwei Elemente enthalten sollte: „Ich verstehe dich! Ich nehme dir deine Weigerung nicht übel!" Wenn sie obendrein noch eine witzige Note enthielte, wäre die Erwiderung perfekt. Aber nicht jeder kann auf eine Frustration seines triebhaften Begehrens locker-flockig reagieren. Da ist es zielführend, wenn er stattdessen seine Erwiderung in Form einer Ich-Aussage macht, die seinen Partner nicht angreift. Er teilt einfach mit, wie es ihm mit dem Verzichtenmüssen ergeht:

„Ach Schatz, dein Nein befördert mich erst einmal in den Keller. Es fällt mir sehr schwer, auf deinen Liebreiz und deine Leidenschaft zu verzichten. Mein Gott, das wird eine entbehrungsreiche Nacht. Aber ich werd es überstehen."

Andere, von Amor Besessene, werden sich mit einer Absage nicht zufrieden geben, sondern versuchen, ihr Liebesobjekt umzustimmen. Sie werden für sich werben, Süßholz raspeln, die Verführungsmacht und das Sexappeal ihrer Partnerin lobend herausstreichen oder ihr Geschenke oder Vergünstigungen versprechen. Manchmal dürften solche Bemühungen Erfolg haben. Die Frau ist erheitert und gerührt ob dieser schönen Streicheleinheiten für die Seele und hat plötzlich auch Lust.

Die jetzt folgenden Reaktionsweisen stellen allesamt partnerschaftsfeindliches Verhalten dar und verschlechtern die Situation bezüglich zukünftiger sexueller Begegnungen.

Ignorieren:

Der/die Abgewiesene übergeht das deutlich ausgesprochene Nein seines Liebesobjekts und beginnt mit handgreiflichen Vorbereitungen für einen sexuellen Austausch. In diesem Zusammenhang kann es zu direkter Gewaltanwendung kommen.

„Ich kann sagen, was ich will", beschwert sich eine Frau, „mein Mann tut so, als hätte ich zugestimmt, ein deutliches Nein nicht gesagt. Er fängt an, mich auszuziehen. Ich protestiere. Er macht einfach weiter und nimmt alles, was ich will, nicht ernst."

Lauter Protest:

Der/die Abgewiesene äußert lautstark seinen/ihren Unmut, nörgelt, schimpft, macht Vorwürfe oder eine Szene, droht mit Fremdgehen oder Trennung und versucht unter Umständen, den Anderen zu vergewaltigen.

Stille Aggression:

Der/die Abgewiesene fällt in den Schmoll-Modus, dreht sich im Bett ostentativ auf die Seite und das, ohne Gute Nacht zu sagen; verhält sich noch Stunden oder Tage danach unfreundlich-distanziert und straft den Partner durch Liebesentzug. Häufig zeigt Er/Sie einfach nur schlechte Laune und ist ungenießbar für den Anderen.

Abwertung:

Der/die Abgewiesene lässt sich seine/ihre Enttäuschung rein äußerlich nicht anmerken, reagiert aber nachtragend und macht auffallend häufig irgendwelche Sprüche, die den Partner in seiner sexuellen Identität abwerten.

„Na, hat mein Frigidchen gut geschlafen?"

„Wo manche Frauen eine Muschi haben, haben andere eine verkehrsberuhigte Zone."

„Wenn ich deinen Schmerzensmann (Penis) vor mir sehe, haben meine Lachmuskeln Dauereinsatz."

Nichteinhalten von Versprechen oder familiären Pflichten:

Aus Enttäuschung oder Wut über nicht erhaltenen Sex kündigt ein Partner dem Anderen alte Spielregeln auf oder kommt einzelnen Verpflichtungen nicht mehr nach. Der Mann hat plötzlich keine Zeit mehr, den Sohn am Nachmittag aus der Kita abzuholen. Ihr wird das Rasenmähen und das Bügeln seiner Hemden zu schwer. Auf diese Weise fügt man sich schmerzende Nadelstiche zu und rächt sich für entgangene Lust.

Eine häufig verweigerte Sexualität – direkt oder indirekt bewerkstelligt – im Rahmen einer festen Partnerschaft kann für die Beziehung eine Abwärtsspirale in Gang setzen. In meinem Buch: „Was die Liebe scheitern lässt" habe ich diesen negativen Entwicklungsprozess in all seinen Schattierungen dargestellt.

Besonders im sexuellen Bereich erweist sich die jeweilige Abhängigkeit des Einen von der Gunst und Geneigtheit des Anderen, als eklatant. So mancher Mann erlebt sich hier in der Bittsteller-Rolle und seine Partnerin als diejenige, die sexuelle Macht über ihn hat. Es gibt eine psychologische Wahrheit, die da lautet: „Wer mehr liebt als der andere, befindet sich in der schwächeren Position." Auf den Sex bezogen, lässt sich diese Aussage abwandeln: „Wer ein stärkeres sexuelles Begehren hat, ist in der schwächeren Position!"

Zum Schluss möchte ich allerdings noch eine reife Verarbeitungsform von sexueller Zurückweisung ansprechen. Ich meine diejenige mit den Mitteln des Humors. Wer das Ganze nicht tragisch nimmt, die Weigerung des Anderen nicht auf sich persönlich bezieht, dem Partner das Recht auf Nein-Sagen zubilligt und selber fähig ist, für den Moment Verzicht zu leisten, ohne gekränkt oder unglücklich zu sein, der kann sich mit einem Scherz aus der Affäre ziehen. Das glückt immer dann besonders gut, wenn die Bilanz von Geben und Zurückbekommen ansonsten ausgeglichen ist und der Betroffene nicht das Gefühl hat zu kurz zu kommen.

12
Sexuelle Untreue

Mehrere tausend Jahre dokumentierter Menschheitsgeschichte belegen, dass es schon immer Paarbildungen gab und dass dabei bevorzugt Mann und Frau zusammenleben. Aber solange feste Paarungen existieren, gibt es eben auch Affären außerhalb der eheartigen Verbindung mit einer fremden, anderen Person. Jahrhundertelang haben die Gelehrten und Philosophen darüber gestritten, ob der Mensch von Natur aus monogam oder polygam veranlagt sei – und sind zu keinem abschließenden Urteil gekommen. Neuerdings schaltet sich auch die Neurobiologie in diesen Disput mit ein und findet jede Menge Erkenntnisse, die für die Treue und fast genauso viele, die für ein Abwechslungsbedürfnis des homo sapiens sprechen.

Wir gehen in unseren Überlegungen immer dann von Untreue aus: wenn ein Protagonist aus einer festen, schon länger bestehenden Zweierbeziehung (Ehe oder Lebenspartnerschaft) ausbricht, das heimlich tut und in den meisten Fällen seine bestehende, alte Verbindung nicht aufgeben möchte.

Da es den Menschen mit einer Instinktausstattung und einem angeborenen Verhaltensrepertoire nicht gibt, ist die Frage, ob er von Natur aus mono- oder polygam sei, von Anfang an falsch gestellt. Menschliche Charaktere sind per Vererbung und Sozialisation in einer bestimmten Kultur so vielgestaltig und komplex, ihre Gehirne in ihren Aktivitätsmustern so unterschiedlich, die Art ihres bevorzugten Zusammenlebens mit dem anderen Geschlecht so variantenreich, dass eben nicht alle auf ein und denselben Nenner gebracht werden können.

Bezüglich ihres Treueverhaltens möchte ich die Menschen in drei Gruppen einteilen, wobei es natürlich diverse Überschneidungen und Mischformen geben dürfte. Ich unterscheide zwischen: Erstens: die Monogamen; Zweitens: die Polygamen; Drittens: jene Personen, die fremdgehen möchten, aber aus unterschiedlichen Gründen dazu unfähig sind.

Die Monogamen

Es gibt Fakten, die sich statistisch belegen lassen: Eine erheblich große Gruppe verbandelter Paare hält sich an das Treuegebot. Die zur Treue bereiten Menschen besitzen häufig eine starke Bindungsfähigkeit. Der Bestand und der Zusammenhalt der Familie, einschließlich der darin erlebten Nestwärme, sind ihnen besonders wichtig. Die Sexualität wird bejaht, spielt aber keine übermäßig große Rolle; sie ist häufig und dauerhaft mit Gefühlen der Zuneigung, Vertrautheit und Zusammengehörigkeit legiert und verliert deshalb im Laufe der Zeit oftmals nicht an Lust und Erlebnistiefe. Mitunter haben diese Paare noch weit bis in das hohe Alter jenseits der 70 befriedigenden Sex miteinander. Ein hierzu passendes Ergebnis der Gehirnforschung besagt: Wer regelmäßig und bis ins hohe Alter Sex mit einer/einem geschätzten Partner/in hat, flute sein Gehirn jedes Mal mit einer kräftigen Portion Oxytocin. Der Botenstoff Oxytocin stellt ein Bindungshormon dar und festigt das Band zwischen zwei Menschen und wirkt außerdem der Abstumpfung der Liebe, bzw. sexuellen Anziehungskraft entgegen.

Mann und Frau sind von ihrer weltanschaulichen Haltung eher konservativ, religiös gebunden und sogenannte Reizmeider. Das Neue und Unbekannte, das Abenteuer in fremden Ländern, reizt sie nicht, sondern macht ihnen eher Angst und Stress. Ihr Sicherheitsbedürfnis und ihre Vorsicht im Umgang mit fremden Situationen sind groß. Das Altvertraute und die Geborgenheit im Kreis bekannter Menschen und der heimatlichen Umgebung bedeuten ihnen viel. Sie wohnen unter Umständen zeitlebens im selben Häuschen, fahren jeden Sommer an denselben Ferienort. Risikohaftes Verhalten meiden sie, da bereits ein kleines Missgeschick Katastrophenbefürchtungen nährt und Panik auslösen kann. Welt und Menschen erscheinen ihnen unberechenbar und gefährlich. Sie sind introvertiert und anfälliger für Gefühle des Unglücklichseins und der Depression als andere Personen (Stefan Klein, S.61).

Der Gehirnforscher David Lykken (ebenda S.63) glaubt an die Erblichkeit, Glücksgefühle generieren zu können und schätzt, dass diese Fähigkeit zur Hälfte von den Genen bestimmt wird. Menschen mit einer Dominanz der rechten Stirnhirn-Hälfte – und dazu gehören die hier beschriebenen Personen – würden vermehrt negative

Emotionen wie Angst, Unsicherheit und Wut produzieren und deshalb ihr Dasein grundsätzlich als bedroht erleben.

„Wir scheuen das Risiko stärker, als wir das Glück suchen." (Stefan Klein, Die Glücksformel, S.46 ebenda).

Leben heißt für diese Menschen in erster Linie: die negativen Wechselfälle des Lebens abzufedern und zu überstehen und eben nicht Neues erleben zu wollen, alles einmal auszuprobieren und nicht zu fremden Ufern aufzubrechen. Ihr Sicherheitsbedürfnis, verbunden mit dem Drang nach Kontinuität, lässt sie an einer einmal getätigten Partnerwahl festhalten.

„Menschen" – so schreibt der Autor Stefan Klein in seiner Glücksformel – „seien für langhaltende Bindungen an einen Partner eingerichtet. Die meisten von uns haben eine natürliche Neigung zur Monogamie." (ebenda, S.198)

Die Polygamen

Dieser Charaktertyp liebt den Reiz des Neuen, die Abwechslung, den Kontrast und die Aufregung. Er ist experimentierfreudig, wechselt oft die Wohnung, den Wohnort und die berufliche Stellung. Er mag Reisen in ferne Länder, gefährliche Sportarten und erkundet die unterschiedlichsten Lebensbereiche. Neue Erfahrungen zu machen, z.B. Drogen auszuprobieren, hält ihn lebendig. Auch die Sexualität hat für ihn einen hohen Stellenwert und steigert die Aktualität seines Daseins. Der Reiz des Unbekannten spielt für ihn eine größere Rolle als die Vertrautheit in einer langjährigen Beziehung.

Dean Hamer (1998), ein Hirnforscher, will ein Gen für Promiskuität gefunden haben. Zwischen den sogenannten D4-Rezeptoren – einer Andockstelle für Dopamin an den Nervenzellen des Gehirns – und dem Drang nach erotischen Abenteuern bestehe eine direkte Verbindung. 30% aller Männer hätten, seiner Meinung nach, ein solches Gen (Stefan Klein, S.114). Eine noch neuere Hypothese aus dem Forschungsgebiet der Hirnchemie besagt, dass ein Viertel der Bevölkerung nur dünn mit D2-Rezeptoren (ebenfalls Andockstellen) ausgestattet sei. Die Folge davon ist: Sie verwerten den Neurotransmitter Dopamin im Kopf nur schlecht und brauchen deshalb höhere Dosen von diesem Botenstoff, als es der Durchschnitt benötigt (ebenda, S.114). Sie erreichen eine stärkere Konzentration von diesem Hormon durch ein abenteuerliches, an äußeren Reizen reiches Leben. Sie sind Dramensucher und Troublemaker und bevorzugen die „Rotation der Genüsse" (ebenda, S.191). Obendrein unterliegen sie auch dem sogenannten Coolidge-Effekt, nämlich dem Drang nach neuen Partnern, weil ihre Lust auf immer dasselbe Liebesobjekt, die sexuelle Anziehung, schnell erlahmt (ebenda, S.113).

Stefan Klein formuliert in seiner zusammenfassenden Übersicht über das Glück und die menschliche Sexualität, „dass die Neigung zu Seitensprüngen Teil unseres evolutionären Erbes ist" (ebenda, S.113). Menschen mit dem hier geschilderten Hintergrund sind – vorausgesetzt, sie leben in einer festen Beziehung – für Untreue besonders anfällig. Wenn obendrein noch ein hoher sexueller Dringlichkeitsgrad (z.B. aus neurotischen Gründen) dazukommt, dürften sie sich zu notorischen Fremdgängern entwickeln.

Die Ängstlichen, Unfähigen, die sich nicht trauen!
Nicht jeder, der treu ist, ist es mit dem Herzen! So mancher brave und langgediente Ehemann und so manche biedere und anhängliche Ehefrau sind in der Fantasie fremdgegangen und haben sich eine Affäre mit einer still-verehrten anderen Person ausgemalt. Aber ihren Wunsch in die Realität zu übertragen: Das haben sie nicht gewagt. Es gibt viele Hemmungen und Ängste, diesen Schritt zu gehen.

Der Eine hat keine Nerven dafür und findet es viel zu aufregend. Ein Anderer hätte schwere Schuldgefühle, erlebte Untreue als Verrat und Vertrauensbruch. Ein Dritter kann und möchte seinem Partner nicht wehtun und malt sich schon im Vorfeld dessen Entsetzen und Leiden aus. Ein Vierter möchte und kann nicht lügen und etwas so Entscheidendes verheimlichen. Viele wollen den Bestand ihrer Familie nicht aufs Spiel setzen. Manche fürchten die mörderische Wut des Betrogenen und ihre eigene Scham wegen des Fehltritts. Ein Fünfter hat Angst vor der sozialen Verurteilung durch Verwandte und Freunde. Und viele haben Angst, aus Strafe für das eigene Fehlverhalten, verlassen zu werden und der Einsamkeit und Verlorenheit eines Single-Daseins anheim zu fallen.

Eine große, nicht zu unterschätzende Rolle spielen – in Bezug auf das Treueverhalten – die kulturellen Normen einer Gesellschaft und ihr Zeitgeist. Zwischen der liberalen, sittlichen Laxheit der westlichen Industrienationen und der religiösen Strenge vieler islamischer Länder liegen Welten.

Im ersteren Fall herrschen Freiheit und Selbstbestimmung des Individuums (was das Fremdgehen anbelangt) dort rigoroser Zwang zur Treue. Weiblichen Ehebrecherinnen droht in manchen islamischen Staaten sogar die Todesstrafe oder sie werden von einer aufgebrachten, sittlich empörten Menge in Eigenregie per Steinigen exekutiert. An dieser Stelle wird deutlich, wie massiv wirksam äußere Strafdrohungen das Verhalten einer Person bestimmen können.

Ein weiterer Gesichtspunkt verdient unsere Aufmerksamkeit: Es geht um die Auslöser, bzw. Motive, die eine Person veranlassen, fremdzugehen. Bei der Besprechung der Reiz- und Dramensucher wurde diese Frage ja zu einem Teil schon beantwortet. Der Abenteuerlustige braucht das Neue, Unbekannte und die Abwechslung, um auf das optimale Stimulationsniveau seines Gehirns zu kommen. Sein Polygamie-Gen und sein besonderer Hormonstatus treiben ihn an, über die Stränge zu schlagen und eine Affäre anzufangen.

Wir wenden uns an dieser Stelle aber dem Otto-Normalverbraucher zu, also jener Mehrheit der Gesamtbevölkerung, die halbwegs treu ist oder treu sein möchte, aber dann doch den Verlockungen der „Kirschen in Nachbars Garten" nicht widerstehen kann. Diese Art von sexuellem Begehren speist sich aus zwei Hauptquellen: aus einem Mangel- oder Überfluss-Erleben! Das häufigste Motiv dürfte allerdings der Mangel sein, jene bohrende Unzufriedenheit über den Stand der gegenwärtigen Partnersituation, wobei Mann und Frau jeweils andere Nöte beklagen. Der Mann ist meistens mit der Sexualität in seiner Beziehung unzufrieden. Er hat das Gefühl, zu wenig zu bekommen oder er empfindet den praktizierten Sex als eingefahren-langweilig oder leidenschaftslos. Die Frau dagegen ist in erster Linie von dem emotionalen Status ihrer Paarverbindung enttäuscht. Sie vermisst gefühlshafte Verbundenheit, Intimität und Nähe, Verstandenwerden und mehr romantisch verbrachte, gemeinsame Zeit. Beide leiden „Hunger", jedoch an einer jeweils anderen Stelle. Beide haben den Eindruck einer gestörten Balance von Geben und Zurückbekommen. Beide lasten die Schuld für den gespürten Mangel ihrem Partner an.

„Weil du mich darben lässt, bin ich berechtigt, mir das Fehlende an anderer Stelle zu holen!"

Das ist die Formel und Berechtigungsbasis, die hinter vielen Fremdgängen steht. Mann und Frau rächen sich an ihrem Liebesobjekt für dessen vermeintlich liebloses Verhalten und halten sich anderenorts schadlos.

Anders stellt sich die Situation dar, wenn jemand aus Lebenslust und Antriebsüberschuss dem prickelnden Reiz erliegt, eine zusätzliche, andere Liebesquelle anzuzapfen. In diesem Fall liegt keine Mangelsituation vor, sondern die Gelegenheit, sich noch anderswo ein sexuelles Zubrot zu verschaffen.

Sind wir am Ende dieses Kapitels schlauer geworden? Wissen wir nun Bescheid über die Untreue? Oder verwirren uns am Ende die widersprüchlichen Forschungsergebnisse zu diesem Thema nur noch mehr? Ist Liebe nicht wirklich verrückt und deshalb so schwer fassbar?

Eine Erkenntnis darf allerdings mit Recht formuliert werden: Es gibt keine einfache Antwort! Der Mensch ist von seinem Wesen her weder durchweg monogam noch polygam, sondern eine komplexe Gemengelage mit einer großen Variationsbreite in Bezug auf sein Treue-Verhalten. Da spielen Charakter, das soziale Umfeld und der Zeitgeist, der jeweilige Stand der Beziehung, aber auch die Gelegenheiten zum Fremdgehen eine bedeutsame Rolle. Das Geheimnis Untreue-Treue lässt sich nicht auf eine monokausale Formel bringen. Und selbst wenn es sich ließe: Die Menschen würden weitermachen wie bisher.

13
Wie oft tun's die Nachbarn?

Wenn in wissenschaftlichen Untersuchungen die Rede auf die Häufigkeit kommt, mit der einzelne Personen Geschlechtsverkehr haben (oder Selbstbefriedigung üben) geht es um Statistik mit entsprechenden Tabellen. Es wird nachgefragt und dann ausgezählt. Wovon die sexuelle Aktivität (Frequenz pro Woche) aber tatsächlich abhängt, wird in diesem Zusammenhang häufig nicht beleuchtet, obwohl gerade dieser Punkt der eigentlich spannende wäre.

Wie oft ein Individuum Sex haben möchte und in der Realität dann tatsächlich hat, hängt von vielen Faktoren ab. Ich will versuchen, diese einzelnen Bestimmungsmomente zu beschreiben.

Erstens: Da ist erst einmal die angeborene, das heißt genetisch bedingte Triebstärke, die in unmittelbarem Zusammenhang steht mit der Menge an produzierten Sexualhormonen (Testosteron, Oxytocin, Dopamin, Endorphine). Je höher der Hormonspiegel, je größer das Begehren.

Eine israelische Forschergruppe um Richard Ebstein (vom Herzog Memorial Hospital in Jerusalem) hat 2006 in der Online-Ausgabe von „Molecular Psychiatry" ein interessantes Ergebnis ihrer wissenschaftlichen Arbeit veröffentlicht. Sie fanden einen Zusammenhang zwischen einem bestimmten Gen, das die Andockstelle für Signale des Botenstoffes Dopamin steuert und der sexuellen Erregbarkeit und Begierde, wobei – man höre und werde traurig – bei 60% der Untersuchten nur ein gedämpftes Interesse für Sex feststellbar war.

Neuere Untersuchungen legen die Vermutung nahe, dass die weibliche Fähigkeit, einen Orgasmus zu erleben, ebenfalls genetisch mit-bedingt ist. Laut einer Studie britischer Forscher, veröffentlicht im Fachmagazin: „Proceedings of the Royal Society: Biology Letters", die unter anderem zwei- und eineiige Zwillinge miteinander vergleicht, ist die Fähigkeit, einen Orgasmus zu bekommen hochgradig angeboren: bei Sex mit einem Partner zu 34%, bei der Selbstbefriedigung zu 45%. Jedes Mal einen Orgasmus beim Sex erleben 14%, nie einen 16% der Frauen.

Die Fähigkeit, einen Orgasmus: sehr häufig, häufig, selten oder nie zu erleben, dürfte natürlich auch die allgemeine Lust auf Sex in direkter Linie mitbestimmen.

Wer unter den Frauen die Wonnen der Sexualität immer nur sehr spärlich oder überhaupt niemals erfahren hat, wird dieser menschlichen Lebensäußerung auch kein großes Interesse abgewinnen können. Die als frigide beschimpfte Frau ist tragischerweise das Opfer eines winzigen Gens in ihrer Erbausstattung und nicht ein gefühlskalter oder männerfeindlicher Eisschrank.

Im Gegensatz dazu verfügen besonders sinnlich veranlagte Frauen schon in Kindertagen über lustvolle und aufregende sexuelle Sensationen. Eine im Erwachsenenleben sexuell sehr aktive Frau berichtet: „Schon als Achtjährige, wenn ich im Turnunterricht war, und kopfüber an der Reckstange hing, spürte ich so etwas wie einen Orgasmus, ohne zu wissen, was das ist. Ich verließ als letzte die Turnhalle, um dieses schöne Gefühl so lange als möglich auskosten zu können. Später, als Erwachsene, war ich scharf wie eine Rasierklinge. Irgendein Mann, fast egal wer, brauchte nur mit seinem Finger über meinen Arm zu fahren und schon verspürte ich eine unbändige Lust auf Sex. Ich hätte jeden Tag mehrmals Sex haben können."

Im Kontrast dazu gibt es Frauen, die nach der Geburt des ersten Kindes alle sexuellen Aktivitäten einstellen möchten und nur noch ab und an, gezwungener-maßen mit ihrem Mann schlafen, und diese seltenen Begegnungen irgendwann ganz aufgeben. Mitunter stellt sich dann heraus, dass ihnen der Sex noch nie etwas bedeutet hat und sie selbst in der Rosenzeit, zu Beginn ihrer Beziehung, und in den ersten ein, zwei Jahren nur aus Verlustangst und weil es üblich ist, im Bett mitgemacht haben. Ihnen war und ist seit jeher sexuelle Befriedigung fremd, sie hatten nie einen Orgasmus. Ihre ganze Libido konzentrierte sich später dann vorzugsweise auf die gluckenhafte Überfürsorglichkeit, mit der sie ihr Kind umhüllten.

In den Bereich der Triebstärke gehört natürlich auch deren Abhängigkeit vom jeweiligen Alter der Person. Junge Männer zwischen 15-25 Jahren erleben in dieser Zeit den Höhepunkt ihrer Manneskraft; Frauen dagegen zwischen 30-45! Auch hier gibt es leider keine Synchronizität des Begehrens zwischen den Geschlechtern.

Zweitens: Sexuelle Aktivität (Frequenz pro Woche) wird immer auch von der Höhe des gegenwärtigen sexuellen Stimulationsniveaus der betreffenden Person mitbestimmt. Der sexuelle Antrieb eines Menschen stellt keine gleichmäßig fließende Quelle aus dem

Inneren seiner Körperlichkeit dar, sondern unterliegt auch dem modifizierenden Einfluss äußerer Wirkkräfte, die sowohl stimulierend als auch dämpfend sein können.

Den sexuellen Appetit anregend wirken:
- Verliebtheit
- die Liebeskunst und sinnliche Anziehungskraft des Partners/der Partnerin (Sexappeal)
- eine sexualisierende Umgebung, z.B. im Urlaub: Sonne, Wasser, Strand, Entspannung, Bar-Besuche
- die anregende Wirkung von Pornografie
- die allermeisten Drogen: Alkohol, Kokain
- bei Frauen: eine gute, auf emotionaler Nähe und Verbundenheit basierende Beziehung
- die wahrgenommene Erwartungshaltung des Partners.

Manche Menschen lassen sich von dem, was der Andere von ihnen erwartet, in ihrem eigenen Verhalten steuern. Besonders wenig selbstbestimmte, unsichere oder zu Abhängigkeit neigende Personen, spüren nicht nur, was ihr Partner von ihnen will oder per stummem Anspruch fordert, sie kommen seinen Wünschen auch protestlos nach.

In der Sexualität sind es oft die angepassten und leicht unterwürfigen Frauen, die dem sexuellen Begehren ihres Mannes wie selbstverständlich zur Verfügung stehen, obwohl sie selber häufig keine Lust auf Sex haben. Aus Angst vor negativen Konsequenzen (Liebesverlust usw.) im Falle einer Weigerung geben sie nach.

Die die Sinnlichkeit einer Person anregenden Umstände sind unübersehbar vielfältig und haben auch mit deren Prägungsgeschichte zu tun. Mitunter existieren sogenannte Schlüsselreize, auf die ein Individuum besonders abfährt, wie zum Beispiel: ein knackiger Po, sehr große Brüste, braune Haut, High Heels, eine tiefe Stimme, ein schlampiges Outfit usw. usw.

Auf der anderen Seite finden wir die sogenannten Sex-Killer, das heißt Bedingungen, die sexuelle Energie abwürgen, wie z.B.: Stress, Erschöpfung, depressive Stimmungslage, sedierende Medikamente, Krankheit, eine total zerstrittene Beziehung, Lebensangst, Arbeitslosigkeit, Not und Armut. Auch hier ist der Katalog möglicher Verhinderer zahlreich und lang.

An dieser Stelle ein Wort zum Thema Pornographie!

Was Pornographie mit einem Menschen macht, hängt von dessen Persönlichkeitsstruktur ab. Anregend wirken Bilder, Fotos und Filme dann, wenn in ihnen die präorgastischen Phantasien des Konsumenten dargestellt werden, also seine oft heimlichen, aber nicht ausgelebten sexuellen Wunschträume. Im Übermaß genossen können Pornos abstumpfen und nach immer schärferen, „total versauten" Sex verlangen oder aber süchtig machen. In manchen Fällen erzeugt das gewohnheitsmäßige Anschauen von Hardcore-Pornografie eine Unzufriedenheit mit dem heimischen Blümchensex. Was da im eigenen Ehebett so brav und simpel abläuft, unterscheidet sich dann fundamental von dem, was auf dem Computertableau an Aufregendem geboten wird. Der eigene Partner kann dadurch an Reiz verlieren und langweilig werden, was sich natürlich störend auf die Paarbeziehung auswirkt.

Drittens: Auch sexuelle Gewohnheiten bestimmen die Häufigkeit von Geschlechtsverkehr mit.

Gewohnheiten sind gelernte und fest in unser Bedürfnisspektrum eingeschliffene Vorlieben. Praktisches sexuelles Tun regt – von außen kommend – ebenfalls die Produktion von Sexualhormonen an und erhöht damit die Frequenz sexueller Begegnungen. Wer durch seine besonderen Lebensumstände schon relativ früh und außerdem noch positive sexuelle Erfahrungen machen konnte, wird der Sexualität für sich selber einen hohen Stellenwert einräumen. Zu seiner angeborenen Triebstärke addiert sich dann seine erlernte sexuelle Bedürftigkeit. Ich denke in diesem Zusammenhang an einen 14jährigen, gut aussehenden und körperlich kräftigen Jugendlichen, der das sexuelle Begehren einer reifen und in der Liebe erfahrenen Frau (verheiratet und Mutter von zwei Kindern) erweckte und von ihr über längere Zeit sexuell verwöhnt und erzogen wurde. Er selber bezeichnet seine jahrelangen Kontakte mit dieser sinnlichen Geliebten als „mein wunderbares Schlaraffenland", das ihn entscheidend geprägt und sein großes Interesse an Sexualität begründet hat.

Gewohnheitsbildung kann sich im ungünstigen Fall auch gegen partnerschaftlich ausgetragene Sexualität richten, wenn die allzeit verfügbare Pornografie aus dem Internet das reale Sexualleben in einer Beziehung ersetzt. Für manche Männer ist es problemloser und bequemer mithilfe des virtuellen Sex die eigenen sexuellen

Spannungen abzubauen als stattdessen die eigene Partnerin unter Mühen, Drängeln oder Charme-Entfaltung in Stimmung zu bringen.

Aussage eines Mannes: „Bei meiner Frau muss ich werben, mich kräftig ins Zeug legen und den richtigen Zeitpunkt abpassen, um sie geneigt zu machen. Oft heißt es dann Geduld aufzubringen bis sie endlich so weit ist und aus dem Bad kommt, wo sie sich in einer endlosen Prozedur für die Nacht zurechtgemacht hat. Es klappt immer nur spät abends. Wenn sie schließlich im Schlafzimmer auftaucht, ist bei mir manchmal durch das lange Warten die Stimmung bereits gekippt. Gelegentlich ist auch sie inzwischen müde geworden und möchte gleich einschlafen. Wenn ich sie dann dennoch zum Sex nötige, macht sie lustlos mit, aber das Ganze gerät dann zu einer Art Turnübung. Mich packt die Wut. Ich möchte grob werden. Aber stattdessen mime ich den dankbaren Sonnyboy, und habe am Ende ein schales, unbefriedigtes Gefühl. Wie einfach dagegen gestaltet sich die Sache mit dem digitalen Sex! Der Computer lässt sich zu jeder Zeit und Stunde anwerfen und sofort sind die geilsten Frauen zu sehen und treiben es genau so wild, wie ich es mir wünsche. Wozu betteln? Und zu Hause auf ein lustlos gereichtes Sexfutter zu warten? Ich hole es mir lieber mühelos vom Bildschirm!"

Viertens: Auch das gesellschaftliche Klima eines Landes, seine Religion, sein Zeitgeist und moralisches Normengerüst entscheiden mit darüber, wie triebfreundlich oder feindlich seine Bewohner zur Sexualität stehen. Es macht einen Unterschied aus, ob die Kultur asketische Ideale favorisiert (und damit eine Flucht aus der Intimität nahelegt) oder aber ob sie die Sexualität als einzigartige Lustquelle herausstreicht und preist.

Einem Artikel von Moritz Schuller (Tagesspiegel vom 17.02.2015) entnehme ich, dass ein Drittel der befragten erwachsenen Japaner angibt, „niemals sexuell aktiv gewesen zu sein."

„Pflanzenfresser" werden dort die Männer genannt, die statt Sex zu haben, lieber spazieren gehen. Auch in England soll es zu einem „dramatischen Rückgang der nationalen Libido" gekommen sein.

Fünftens: Geschlechtsspezifische Unterschiede

An anderer Stelle habe ich bereits auf die Kluft im Bereich des sexuellen Begehrens zwischen Mann und Frau hingewiesen und Zahlen genannt. Ein Unterschied im männlichen und weiblichen Bauplan (genetische Verfassung) führt dazu, dass im Durchschnitt

Eva nicht so oft will wie Adam es möchte. Und dass diese fatale Differenz Ursache für viele Beziehungskonflikte ist oder eine verschwiegene Unzufriedenheit bei dem Zukurzgekommenen hinterlässt. Es besteht keine sexuelle Synchronizität zwischen den Geschlechtern. Bedauerlicherweise nimmt die Lust auf Sex und damit die sexuelle Aktivität mit der Dauer einer Paarbeziehung ab. Diesen Libido-Verlust erleiden besonders die Frauen! Im Spiegel vom 16.05.2015 mit dem Titel „Mein Sex" findet sich auf Seite 108 der bemerkenswerte und allen wissenschaftlichen Erkenntnissen und praktischen Erfahrungen widersprechende Satz: „Dabei ist längst klar: Was Gier und Lust auf Sex betrifft, stehen die Frauen den Männern seit je in nichts nach."

Schön wär's, kann man da nur sagen! Mit welchem Autor ist an dieser Stelle wohl seine Wunschphantasie durchgegangen? Solch eine Bemerkung kann bei einer Vielzahl von Frauen Schuld- und Minderwertigkeitsgefühle hervorrufen, wenn sie so direkt gesagt bekommen, wie defizitär - im Vergleich dazu – ihr eigenes, sexuelles Interesse doch ist. Nun gibt es seit jeher eine Tendenz, männliches Augenmerk auf jene Vollweiber zu richten, deren sexueller Trieb besonders heftig ausgeprägt ist, wie das etwa bei Katharina, der Großen der Fall gewesen sein soll. Es existiert tatsächlich und zu jeder Zeit eine kleine Gruppe von Frauen (auch im Kinsey-Report ist sie beschrieben), deren sexuelle Kapazität jeden männlichen Lüstling ob ihrer Größe in den Schatten stellt und die im Laufe der Menschheitsgeschichte das Bild von der triebhaft-unersättlichen, männerverschlingenden Circe, Megäre, schönen Hexe geprägt haben.

Und noch eine, aber andere Entwicklung zeichnet sich ab: Neuerdings (2006) hat eine israelische Forschergruppe um Richard Ebstein herausgefunden, dass die Lust auf Sex eine solide genetische Grundlage besitzt und nichts mit einer lustfeindlichen oder lustfördernden Erziehung zu tun hat. Ich habe darüber bereits schon berichtet.

Wenn weitere Forschung diesen Zusammenhang bestätigen sollte, dann wäre sexuelle Unersättlichkeit auf der einen und generelle sexuelle Lustlosigkeit auf der anderen Seite nichts anderes als genetisch bedingtes Schicksal! Niemand dürfte dann mehr einer Frau

Vorwürfe machen, wenn ihr dieses sexuelle Prickeln abgeht und sie keinen Bock auf Sex hat.

14
Die sexuelle Glücksbilanz
(sexuelle Zufriedenheit – Unzufriedenheit)

Wann und warum ist ein Mensch mit seinem Sexualleben zufrieden oder gar sehr unzufrieden? Lässt sich diese Frage überhaupt beantworten? Stellt nicht jede Antwort darauf eine sehr subjektive Einschätzung einer emotionalen Befindlichkeit dar, die nicht weiter hinterfragt werden darf? Lassen sich die Zufriedenheiten zweier Menschen überhaupt miteinander vergleichen? Vielleicht ist Person A mit viel weniger zufrieden als Person B? Aber kann sich der Erste von beiden nicht täuschen und etwas für befriedigend halten, was in Wahrheit alles andere als gut ist? Nun ja, hier landen wir in einer erkenntnistheoretischen Sackgasse, aus der es nur schwer ein Entkommen gibt.

Ich möchte es trotzdem unternehmen, etwas übergeordnet Verbindliches zu diesem Thema zu sagen. Ich tue es, indem ich die Unterscheidung treffe zwischen den einzelnen Bausteinen, aus denen sich sexuelles Glück zusammensetzt, und der subjektiven Sicht des einzelnen und seiner Beurteilung, was diesen „Haufen Bausteine" betrifft.

Die Beschäftigung mit dem Thema Sexualität lehrt, dass es Bedingungsmomente für sexuelle Zufriedenheit gibt: bestimmte positive äußere Umstände und bestimmte seelische Qualitäten eines Menschen. Diese vor Augen zu führen, wird jetzt unsere Aufgabe sein.

Die äußeren Bedingungen für sexuelle Zufriedenheit
Je weniger äußere Hindernisse – von der Umwelt oder vom Partner ausgehend – dem sexuellen Vollzug im Wege stehen, desto befriedigender wird der Sex ausfallen. Insbesondere die sexuelle Passung zwischen den Akteuren ist da von großer Wichtigkeit: Rollenverteilung (aktiv-passiv), sexuelles Temperament, Frage der Häu-

figkeit, gewünschte Stimulation, zeitliche Vorstellungen bezüglich Dauer, Vollzugseigenart des Sexualaktes usw. usw. Je höher hier die gegenseitige Entsprechung, desto vorteilhafter für die Freude an der Sexualität. Gute Rahmenbedingungen können wichtig sein, sind aber nicht ausschlaggebend. Wichtiger als die äußeren Einflussgrößen sind aber die innerseelischen Bestimmungsmomente für ein befriedigendes Sexualleben.

Die inneren Ursachen für guten Sex
Viele Leser werden sich des großen Einflusses intrapsychischer Glücksquellen und Fähigkeiten auf die menschliche Sexualität nicht bewusst sein. Sie werden allerdings schon öfter den Satz gehört haben, dass guter Sex im Kopf stattfindet, bzw. von dort generiert wird. Die innerseelische Beschaffenheit einer Person liefert einen entscheidenden Betrag zur Qualität ihres Sexus und damit zu deren Glücksbilanz.

Es lassen sich insgesamt 5 Faktoren benennen, die hier ihre Wirksamkeit entfalten: Triebstärke, Konfliktfreiheit, Anspruchsniveau, gefühlte Beziehungsqualität und Erlebnisfähigkeit.

Eine ausgeprägte Stärke des Sexualtriebes treibt einen Menschen dazu an, möglichst häufig Sex zu haben, um diesen herrlichen Appetit zu stillen. Wenn er in der günstigen Lage ist, diesen Drang entsprechend auszuleben, wird er jeden Tag ein schönes, körperlich-sinnliches Erlebnis haben und dieses Hochgefühl genießen. Die Natur hat ihn mit einer großen Lustquelle beschenkt und es ist an ihm, sie gehörig auszubeuten. Insofern ist er ein Günstling seines biologischen Schicksals und das ohne eigenes Verdienst.

Wer die Memoiren des berühmten Frauenhelds Giacomo Casanova gelesen hat, wird ihm darin nicht nur als Kavalier der hohen Schule kennengelernt haben, sondern auch als einen extrem sinnlichen Menschen, der dem Sex schwärmerisch huldigte und der nach eigenen Angaben in so mancher Nacht sechsmal hintereinander mit einer Frau den sexuellen Akt vollzog. Für Casanova standen die verschwenderisch genossenen Freuden der Sexualität ganz im Mittelpunkt seines Lebens. Geschichte und Literatur wissen auch von sehr triebstarken Frauen zu berichten, deren sexuelle Unersättlichkeit entsprechende männliche Kapazität in den Schatten stellt.

Wie anders dagegen jener Mensch, dessen sexuelle Energien einem Rinnsal gleichen, das nur manchmal und dann auch nur kümmerlich fließt. Seine spärliche Libido wird ihm nur selten wirkliche Freude bereiten. Die Natur hat ihn an dieser Stelle ungerechterweise mit einer kläglichen Glücksgabe bedacht. Zwischen ihm und der Person mit dem hohen Geilheits-Level liegen Welten.

In zwei vorangegangenen Kapiteln wurden die intrapsychischen, interpersonellen Konflikte und intersubjektiven Konflikte, die im Bereich der Sexualität auftreten können, in aller Breite geschildert. Sie erwiesen sich in fast allen Fällen als einschränkende und die menschliche Sexualität hemmende Kräfte. Um den freien und ungebremsten Fluss der sexuellen Energien zu ermöglichen, darf die betreffende Person möglichst wenig von irgendwelchen Ängsten, Schuld- und Schamgefühlen, moralischen Skrupeln, noch von des Gedankens Blässe angekränkelt sein. Je weniger sie an inneren Konflikten leidet, desto besser ist es für ihren Sex, desto ungenierter kann sie sich dem Triebgeschehen überlassen und desto zufriedener wird sie im Endeffekt mit dieser Facette ihrer Sinnlichkeit sein.

Ein wichtiges Bestimmungsmoment im Zusammenhang mit der sexuellen Zufriedenheit eines Menschen stellt das sogenannte Anspruchsniveau dar. Es beschreibt den Anspruch einer Person in Bezug auf den „quantitativen Umfang und die qualitative Höhe" (Lersch, S.136) eines erstrebten Glücksgutes, verbunden mit dem Bewusstsein: „Das steht mir zu, das ist mein unanfechtbares Recht (Lersch, S.136), das haben mir meine Mitmenschen zu liefern!" Je höher allerdings die Messlatte der sexuellen Ansprüche und Forderungen an das jeweilige Liebesobjekt liegt, desto größer ist natürlich die Gefahr, frustriert zu werden. Dem Partner wird eine Bringeschuld aufgehalst, und es ist seine Aufgabe, den maximalen Ansprüchen des Partners zu genügen. Eine Verschärfung kann diese Situation noch dadurch erfahren, wenn der Protagonist gleichzeitig das Ich-Ideal kultiviert, ein „toller sexueller Hecht" zu sein. In diesem Fall verlangt er von sich selber einen hohen sexuellen Reizwert zu haben und ein großes sexuelles Kapital zu besitzen, auf das die Frauen/Männer nur so fliegen. Seine aufgeblähten Erwartungen richten sich dann sowohl auf seinen Partner, als auch auf die eigenen Fähigkeiten, potenzielle Liebesobjekte reihenweise zu erobern und zu beglücken. Es liegt in der Natur der Sache, dass diese Konstellation sehr störanfällig ist, viele Enttäuschungen in sich birgt und sexuelle Unzufriedenheit erzeugt.

Speziell für Frauen spielt die subjektiv gefühlte Beziehungsqualität für ihr sexuelles Liebesleben eine große Rolle. Sie erleben ihre Sexualität in der Regel nicht losgelöst von dem jeweiligen Status ihrer Beziehung. Ist er gut, bekommt auch der Sex ein besonderes Gütesiegel und wird als sehr erfüllend erlebt.

Als letzten und beinahe wichtigsten Punkt in diesem Zusammenhang, wenden wir uns der Erlebnisfähigkeit eines Menschen zu. Sie bezeichnet die Begabung, gefühlsmäßig reagieren zu können, sich ergreifen zu lassen von Dingen, Personen, Ereignissen und besonderen Situationen. Menschen unterscheiden sich hinsichtlich der Intensität, des Reichtums (Umfang) und des Tiefgangs ihrer Emotionen. Die einen sind schnell gefühlserregt, werden von Gefühlen überflutet und im Zentrum ihres Gemüts aufgewühlt; andere wiederum verfügen nur über kümmerliche Gefühlsregungen, sind „apathisch, gefühlsstumpf, unempfindlich, gefühlsarm oder ganz gefühllos" (Lersch, S.254). Zu starken Gefühlen fähig zu sein, ist ein besonderes Geschenk der Natur oder das Resultat einer besonders glücklichen Lerngeschichte, macht die Lebendigkeit eines Menschen aus, verleiht seinem Dasein erst die Farbe und nötige Temperatur. Glücklichsein und Glücksmomente zu erleben, setzt unabdingbar die Fähigkeit voraus, entsprechende Gefühle generieren zu können. Nur wer Gefühle hat, lebt auch.

Wir kennen aus der Psychopathologie des Gefühlslebens eine Krankheit, die Anhädonie heißt. Die bedauernswerten Menschen mit dieser seelischen Störung sind genussunfähig, haben buchstäblich an nichts Freude, können aber auch die traurigen und schmerzlichen Gefühle der menschlichen Existenz nicht spüren. Für sie gibt es weder emotionale Höhen noch Tiefen, sondern nur eine graue Empfindungslosigkeit. Auch das Erleben von sexueller Lust ist an eine Fähigkeit dazu gekoppelt, deren Qualität und Umfang von Individuum zu Individuum variiert. Für manche ist der sexuelle Orgasmus nur ein bescheidener Hopser, für andere eine Offenbarung, die jede Faser des Lebens ergreift, alle Dämme flutet, und den Betreffenden in der Tiefe der Seele berührt. Entsprechend gestaltet sich dann auch das Sättigungserlebnis. Für den einen bleibt am

Ende ein schales Empfinden zurück, für den anderen ein wohliges Entspannt- und Zufriedensein.

Für all diejenigen Frauen, die selten oder nie einen Orgasmus erleben, ist die Sexualität eine terra incognita, der sie wenig bis nichts abgewinnen können. In der Glücksbilanz ihres Lebens kommt Sex als Aktivposten deshalb nicht vor.

Und wieder stoßen wir hier auf das Motto dieses Buches: *„Oh, diese verrückte Sexualität!"* Sie besteht in der empörenden Ungleichverteilung der sexuellen Lustprämien an die einzelnen Menschenkinder. Die einen schwelgen in sinnlichen Freuden, die anderen gehen leer aus. Das nenne ich einen schweren Verstoß gegen die Gerechtigkeit und das Gleichheitsprinzip. Selbst eine so elementare und körpernahe Funktion, wie es die Sexualität ist, wird einzelnen Personen in solch einer unterschiedlich großen Portion zugemessen, dass es schmerzt. Und dann auch noch ihre schreiend ungerechten Kümmerformen! Wer hat das zu verantworten?

15
Sexuelle Identitäten

Wir kommen jetzt auf ein Thema zu sprechen, das jede Menge Potenzial an Verrücktheiten in sich birgt und mitunter die seltsamsten Blüten treibt.

Es geht um die sexuelle Identität eines Menschen, also um seine Selbstdefinition auf dem Gebiet der Sexualität, d.h. um die Frage: „Wer bin ich als sexuelles Wesen und wer möchte ich sein?", mit anderen Worten um seinen Ist- und Wunschzustand im Bereich des Sexuellen.

Die sexuelle Identität umfasst mehrere Facetten, nämlich zuvorderst die sexuelle Prägung eines Individuums (bin ich hetero-, homo- oder bi-sexuell?), seine sexuellen Vorlieben und Wünsche, das insgesamt seiner real praktizierten Sexualität, seine Fähigkeiten und Erfahrungen auf diesem Gebiet, seine Rolle als Liebhaber(in), seine sexuellen Nöte und Schwächen und seine sexuelle Lebensbilanz, d.h. wie einverstanden oder unzufrieden er mit seiner bisherigen sexuellen Biografie ist.

Eine wichtige Rolle spielen seine sexuellen Ressourcen (Quantität und Qualität seiner sexuellen Kapazität) und damit verbunden sein Talent, ein Liebesobjekt sexuell glücklich zu machen.

Er/Sie fragt sich zum Beispiel: Bin ich Orgasmus-fähig, habe ich ein gutes Stehvermögen, bin ich eine leidenschaftliche Frau, die Männer sexuell verzaubern kann; bringe ich jeden Eisberg zum Schmelzen; kann und will ich immer und zu jeder Gelegenheit?

An dieser Stelle erscheint es mir wichtig, die sexuelle Identität einer Person in zwei Aspekte zu gliedern: Es gibt einmal das sexuelle Real-Ich und andererseits das sexuelle Wunsch-Ich.

Ersterer Persönlichkeitsanteil umfasst die real gelebte Sexualität und die mit ihr gemachten Erfahrungen.

„Was habe ich erlebt, was habe ich genossen und was genieße ich in der Gegenwart; wie habe ich mich verhalten und tue es noch? Wie sehen meine inneren Barrieren und sexuellen Schwachstellen aus; wo überall läuft es gut; wo und wann komme ich zu kurz; was stellt mich zufrieden? Wie beurteilen meine Sexpartner mein sexuelles Tun?"

Der hier erstellte Fragenkatalog könnte noch beliebig verlängert werden; ich will es aber bei den bisherigen Überlegungen belassen und mich dem sexuellen Wunsch-Ich zu wenden.

Wir Menschen sind ja bekanntlich Phantasie-begabte Wesen. Neben unserem realen Dasein und unseren objektiv sichtbaren Handlungsvollzügen existiert noch eine zweite Welt, nämlich die der Vorstellungen und des Geistes. Nirgends führen wir ein so ausgeprägtes Doppelleben als im Bereich der Sexualität. Es ist unser sexuelles Wunsch-Ich, das hinter herabgelassenen Jalousien oftmals mentale Orgien feiert. Aber diese aufregenden Dramen bleiben auf unser Kopf-Kino beschränkt. Das sexuelle Wunsch-Ich beinhaltet ganz individuelle sexuelle Gelüste, die einer Person tagsüber ungerufen durch den Kopf gehen, die sie während ausgedehnter Tagtraumphantasien bewusst kultiviert oder aber die während der Onanie oder während eines Geschlechtsverkehrs, besonders intensiv kurz vor dem Orgasmus, auftauchen und den eigentlichen sexuellen Thrill und Erlebnisrausch herbeiführen. Oft stellen diese präorgastischen Phantasien für die betreffende Person Tabubrüche dar und erfinden sexuelle Szenarien, die für sie im wirklichen Leben nicht möglich sind oder verboten erscheinen.

Am häufigsten wird von Frauen und Männern während des Geschlechtsverkehrs mit einem festen Partner/einer festen Partnerin, der Liebesakt mit einer anderen Person fantasiert. Die biedere Hausfrau, die mit ihrem schüchternen Ehemann braven Blümchensex praktiziert, lässt sich währenddessen sehr stürmisch von Erol Sander (Schauspieler) vergewaltigen.

Die Brüder Edmond und Jules de Goncourt schreiben in ihren Tagebüchern u.a. über das Liebesleben von Gustave Flaubert: „...er habe aus allen Frauen, die er geliebt habe, die Matratze einer anderen erträumten Frau gemacht." (Tagesspiegel vom 21.Nov.2013, Artikel: Die hohe Kunst der Nestbeschmutzung).

In den Wunsch-Ich-Phantasien werden oftmals auch sexuelle Praktiken ausgelebt, die im realen sexuellen Vollzug aus Schamgründen nicht gewagt werden oder einvernehmlich nicht möglich sind, wie z.B. oraler, analer, gewalttätiger, schmerzhafter, perverser Sex.

Es kommen an dieser Stelle jetzt einige Wunschtraum-Phantasien von Frauen und Männern zur Sprache, die während des Ansturms eigener Begierden oder zwecks Eigenstimulierung während des Geschlechtsverkehrs produziert werden:

Frauen:

- Ich habe zwar mit meinem Mann Geschlechtsverkehr, schlafe aber in Wahrheit mit einer anderen Person (Schauspieler, Sportidol, Kollegen usw.).
- Ich liege auf einer Wiese im Tiergarten. Mein Freund und ich haben Verkehr. Wir bemerken, dass uns einige Pärchen aus der Ferne dabei zuschauen. Was wir tun ist verboten, das geilt mich so richtig auf.
- Ein fremder Mann fast mir im Fahrstuhl unter den Rock und bearbeitet meine Muschi. Um uns herum stehen dicht gedrängt andere Leute. Ich wage es nicht, mich zu wehren oder durch Worte zu protestieren. Mir kommt es.
- Ich liege inmitten einer feinen Gesellschaft splitterfasernackt auf einem langen Tisch und bin mit erlesenen Früchten und Speisen dekoriert. Meine Vagina ist zur Obstschale umfunk-

tioniert. Alle kommen und bedienen sich. Je mehr Essbares weggenommen wird, desto nackter werde ich.
- Ein Mann stimuliert mich mit säuischen Worten und Berührungen, ohne es zum Äußersten kommen zu lassen. Ich vergehe vor Sehnsucht, endlich explodieren zu können. Dann passiert es endlich. Ich schreie vor Lust.

Männer:
- Ich schlafe mit meiner Traumfrau!
- Ich nötige eine Frau zum Sex und sehe, wie ihre Abwehr in lustvolles Mitmachen umschlägt und sie vom Ansturm der eigenen Begierden überwältigt wird. Der geilste Kick für mich ist der Augenblick des Kippens, wenn aus ihrer Weigerung Zustimmung wird.
- Zwei Tresenschlampen und ich machen einen flotten Dreier.
- Ich bin der Emir von Konstantinopel und betrete meinen Harem. Da liegen und sitzen sie – die Schönsten und Prallsten des Morgenlandes – nackt und mit geöffneten Schenkeln. Ich sehe ihre Vaginen blitzen. Sie warten sehnsüchtig darauf, dass ich sie beglücke. Ich bumse sie alle, eine nach der anderen.
- Zuhause wartet eine Sexsklavin auf mich, die meinen Wünschen bereitwillig und bedingungslos folgt und Freude daran hat, mir Gutes zu tun.
- Beim Geschlechtsverkehr mit meiner Freundin male ich mir häufig aus, dass ich in den Puff gehe und es mit Lisa, mit Lulu und Loretta treibe.
- Ich rette eine Frau aus totaler Armut, einer Kriegssituation, aus den Fängen eines gewalttätigen Mannes und werde dafür von ihr sexuell belohnt.
- Eine supergeile Frau fesselt mich und befriedigt sich an mir, wie es ihr gefällt. Ich bin ihr Lustobjekt.
- Ich schaue geilen Lesben beim Knutschen, Entkleiden und Bumsen zu.
- Ich werde mit einer Rute auf den Po geschlagen und mit Worten und Gossenausdrücken gedemütigt. Ein Hurenweib pisst mich an.

- Ich ziehe eine wildfremde Frau, die bekleidet vor mir steht, ganz langsam aus und küsse jede neu entblößte Körperstelle.
- Ich lasse mich auf die Größe eines Däumlings zusammenschrumpfen und verkrieche mich in einer Vagina. Darin will ich jetzt wohnen.

Mit diesen Beispielen will ich es genug sein lassen. Sie enthalten aus dem Arsenal möglicher Phantasien natürlich nur einen kleinen Bruchteil. Pornografische Darstellungen dürften u.a. auch deshalb so beliebt und per Film- und Fernsehen so häufig frequentiert werden, weil sie menschliche Wunsch-Ich-Gelüste in Szene setzen, die im realen Leben nicht realisierbar sind.

Das sexuelle Wunsch-Ich stellt eine menschliche Besonderheit und gleichzeitig eine Bereicherung dar. Es existiert sonst bei keinem anderen Lebewesen. Wir leben und erleben in zwei Welten, ohne daran Schaden zu nehmen oder schizophren gespalten zu sein. In der Regel besteht eine friedliche Co-Existenz zwischen den beiden Aspekten unserer sexuellen Identität. Beide zusammengenommen machen erst das Ganze unserer sexuellen Garnitur aus.

Nun kann es aber passieren, dass dieses harmonische Nebeneinander gestört ist, weil aus den Wünschen gelebte Realität werden soll, der Träger des Wunsch-Ichs aber nicht in der Lage ist, das begehrte Ziel zu erreichen. Es bildet sich der klassische Konflikt: Wollen – aber nicht können heraus.

Der Verwirklichung bestimmter sexueller Wünsche stehen dann intrapsychische Hindernisse und fehlende Ressourcen entgegen. Es ist die Stelle, wo in das gewünschte sexuelle Geschehen Leistungsmängel einbrechen. Das Individuum möchte etwas, kann es aber nicht. Aber es gibt als Konsequenz seines Versagens den ursprünglichen Wunsch nicht auf, beharrt auf ihm und hält damit dieses Spannungsmoment (Wollen-Nichtkönnen) weiterhin am Leben. Es kommt zu einem Ungenügen an den eigenen Fähigkeiten, zu Unzufriedenheit oder ständigen, oft auch halbherzigen Versuchen, das Erträumte doch noch Wirklichkeit werden zu lassen.

- Ich denke an dieser Stelle an eine Frau, die sich von Jugend an und bis in die fünfziger Jahre abmühte, einen Orgasmus zu bekommen, ohne es je zu schaffen. Bei ihren wütenden Versuchen, die sperrige Natur in ihr doch noch zu besiegen, hat sie eine ganze Schar von Männern in die Verzweiflung und letztlich in die Flucht getrieben.

- Herwig U., ein fürsorglicher Ehemann und Vater von zwei Kindern, träumte permanent davon, fremd zu gehen, um das monogame Einerlei seiner Ehe durch kurze, aber heftige Affären aufzulockern. Aber vorauseilende Schuldgefühle und der Umstand, dass er seiner Frau nicht wehtun konnte und wollte, hinderten ihn daran.
- Wilfried N. stellte sich immer wieder vor, wie reizvoll und erregend es sein müsste, in ein Bordell zu gehen und unter den Schönen des Landes die Beste aussuchen zu dürfen. Aber schon wenn er sich nur auf der Straße dem Haus des Bordells näherte, empfand er nichts als Angst. Von sexueller Erregung dagegen keine Spur.

Sexuelle Abenteuerlust – so lernen wir – ist oft nur für das Kopf-Kino gemacht; der Schritt nach draußen, ins reale Leben, gelingt nicht, weil der Betreffende nicht die dazu notwendigen Fähigkeiten und seelischen Voraussetzungen mitbringt.

Betrachten wir nun einen neuen Aspekt:

Ein Mensch kann hinsichtlich seiner geheimen sexuellen Wünsche einer Täuschung unterliegen. Sein Sehnsuchtskurs kann illusionär sein und für ihn eben keine neuen lustvollen Erfahrungsräume aufschließen, falls er in Erfüllung ginge. Viele unterschätzen die Größe der Kluft zwischen geträumter „Wirklichkeit" und real erlebter, d.h. echter Wirklichkeit. Das pornografisch angehauchte Kopf-Kino bringt nur in der Phantasie, nicht im wahren Leben Befriedigung. Und trotzdem gibt es immer wieder Menschen, die es zutiefst bedauern, dass sie ihre Wunsch-Ich-Phantasien nicht in gelebte Realität umgesetzt haben, bzw. es auch in der Gegenwart nicht tun. Das Scheitern dieses Vorhabens gibt ihnen den Anlass, eine negative sexuelle Lebensbilanz aufzustellen nach dem Motto: „Mist! Was ich wirklich möchte und ersehne, habe ich bisher nie auf die Beine stellen können. Ich bin ein feiger Spießer!"

Zwei Beispiele:
- Roland M. träumt zeitlebens davon, mit zwei „versauten geilen Weibern" einen flotten Dreier hinzulegen.
- Margarete Z. kultiviert einen sexuellen Wachtraum, dessen Handlung für sie der Inbegriff höchstmöglicher Lustmaximierung darstellt:
„Ich lasse mich auf der Straße von einem wildfremden Mann ansprechen, der mir noch nicht einmal gefallen muss. Wir verschwinden im nächst-erreichbaren Hausflur und haben hier wilden Sex!"

Es ist sicherlich nicht ohne Bedeutung, dass sowohl Ronald M. als auch Margarete Z. nie dazu gekommen sind, ihren Traum von der ultimativen Sexualität auszuleben. Sicherlich hat sie eine nicht benennbare Furcht vor diesem Akt existenzieller Selbstauslieferung bisher abgehalten. Aber angenommen, es hätte geklappt. Ich vermute, dann wäre es schiefgelaufen. Warum die präorgastischen Phantasien für viele Menschen nicht dazu taugen, in die konkrete Wirklichkeit transformiert zu werden, möchte ich jetzt an drei Gründen aufzeigen.

Erstens Reizüberflutung

Menschen besitzen von Geburt an eine unterschiedliche Fähigkeit, einer Reizüberflutung zu begegnen. Coole Typen stecken den Ansturm neuer Eindrücke relativ gelassen weg. Sensible Menschen dagegen sind von Natur aus häufig sogenannte Reizmeider. Ihre Verarbeitungskapazität gegenüber vielen neuartigen Stimuli ist begrenzt. Sie werden von zu vielen Reizen in ihrem Fassungsvermögen überfordert und geraten in eine angstmachende und unlustvolle Übererregung.

Die von Ronald M. und Margarete Z. vorgestellten Situationen enthalten jeweils eine geballte Ladung an mannigfaltigen Reizmomenten, die durch vier Eigenschaften verdeutlicht werden können:

Fremdheit, Neuheit, Ungewissheit, Ekelfaktor!

Was die Protagonisten auf ihrer Expedition ins sexuelle Neuland erwartet, ist für sie neuartig, fremd und zugleich unsicher. Deshalb könnte ihr Gefahrenabwehrtrieb mobilisiert werden und sexuellen Genuss verhindern. Sie könnten sich nicht bedenkenlos hingeben und sorglos alle Viere von sich strecken. Treten unvorhergesehener Weise auch noch Ekelgefühle auf, weil die unvertraute Körperlichkeit des anderen, sein Geruch und seine Körpersäfte mit der Chemie des Protagonisten nicht kompatibel sind, kippt der vorher lustvoll vorgestellte Ausbruch in neue Sphären total. Und noch eines ist bedenkenswert: Der im Kopf produzierte Porno besitzt Scheuklappen. Er ist auf einen eng begrenzten Ausschnitt, nämlich das sexuelle Geschehen fokussiert und blendet alles aus, was sonst noch ringsum geschieht. In der Wirklichkeit wären die Protagonisten (Ronald M., Margarete Z.) von einer ganzen Fülle zusätzlicher Reize umgeben, die störend in den sexuellen Vollzug eingreifen könnten: Da hört man die Sirene eines Feuerwehrautos lautstark näher kommen oder eine Stimme aus der Nachbarwohnung. Da stört ein undefinierbarer Fleck im Bettlaken. Da klingelt ein Handy während des Koitus und will nicht aufhören. Eine Person kommt polternden Schrittes die Treppe herunter und wird gleich im Hausflur auftauchen, wo Margarete und der Fremde gerade bumsen. Der Protagonist oder dessen Partner bekommt einen Wadenkrampf. Eine Dame aus dem Dreiergespann (Ronald M.) macht eine männerfeindliche Bemerkung, die den auf Verwöhnung bedachten Ronald verletzt. Dutzende akustischer, visueller oder olfaktorischer Sinneseindrücke können die „Liebenden" überschwemmen und den erhofften Zauber zunichtemachen. Vielleicht tut der stürmisch forcierte Sex schlichtweg auch weh, was die Kopfkinofreuden nie tun.

Ein sensibler Mensch mit seinen feinen Antennen kann nicht nur von störenden Nebengeräuschen, einem Luftzug oder unschönen optischen Eindrücken irritiert werden. Für ihn ist die neue sexuelle Dimension der menschlichen Begegnung unter Umständen so überwältigend und existenziell gefährlich, dass an sexuellen Genuss für ihn nicht zu denken ist.

Zweitens: Verlust der Selbstbestimmung

Für nicht wenige Personen spielen in ihrem Kopfkino Hingabe und Kontrollverlust in der Sexualität eine bedeutsame Rolle und machen für sie den eigentlichen sexuellen Kick aus. Dieselben Personen bedenken aber nicht, was das Aufgeben ihrer Selbstbestimmung in einer gewagten realen sexuellen Begegnung für sie in Wahrheit bedeuten würde: nämlich das Ausgeliefertsein an einen fremden Willen. Ich glaube, dass sie aber unterschwellig diese Gefahr spüren und fürchten. Auch wenn sich eine Frau z.B. in ihrer präorgastischen Traumwelt eine Vergewaltigung vorstellt, ist und bleibt sie in jeder Sekunde die Regisseurin ihres eigenen Dramas. Der sie vergewaltigende Mann ist ein Geschöpf ihrer Vorstellungskraft und verhält sich genauso, wie sie es will. Er ist ihre Marionette und kann von ihr herbeigerufen und wieder weggeschickt werden. Und weil sie den Gang der Handlung bestimmt, der Macho ihr außerdem vertraut ist, macht ihr seine Vergewaltigung keine Angst, sondern Lust. Was da abläuft ist ein Akt der Selbstbefriedigung. Ähnlich verhält es sich mit der erträumten sexuellen Eskapade von Margarete Z. Solange alles nur in ihrem Kopf abläuft, werden alle störenden Umstände ausgeblendet und ist sie die alleinige Regisseurin des Geschehens. Im wirklichen Leben verlöre sie unter Umständen die Möglichkeit, gestaltend mitzuwirken. Der Fremde würde ihr seinen Willen aufzwingen und vielleicht brutal vorgehen und total unempathisch sein; sie als seine Sexsklavin behandeln und damit alle sexuelle Resonanz ihrerseits verhindern. Schlimmstenfalls bliebe für sie ein Trauma zurück.

Drittens: Rollenunsicherheit

Kontaktungeübte, wenig durchsetzungsfähige, schüchterne in ihrem Selbstwertgefühl labile Menschen wissen sich in einer neuen, für sie ungewohnten, aber hoch bedeutsamen Situationen nicht zu verhalten. Sie sind unsicher, welche Rolle sie zu spielen haben und welche Rollenerwartung ihr Gegenüber an sie hat. Das löst Gefühle der Peinlichkeit und Irritation bei ihnen aus. Befangen stehen oder sitzen sie da, kneten ihre Hände, wissen nichts zu sagen, senken den Kopf und geben das Bild eines armen Haschlers oder eines etwas deppigen Weicheis ab. In der Regel wissen diese Menschen um ihre Schwächen und meiden deshalb Situationen, die sie in seelische Bedrängnis bringen könnten. Sexuelle Abenteuer der verwegenen Art sind aufgrund ihres hohen Erregungs- aber auch Blamage-Potenzials „Gift für ihre Nerven." Wehe, wenn sie dennoch diese Grenzüberschreitung wagen und versuchen sollten, ihre Phantasien in der Wirklichkeit auszuleben. Es erwarten sie keine entfesselten sexuellen Gefühlsstürme, sondern Frust und Enttäuschung. Aus den eben genannten drei Gründen wird deutlich, warum es häufig nicht möglich ist, wilde tabu-brechende Sexualität in der realen Welt auszuleben. Die meisten Menschen bescheiden sich deshalb auch mit ihren sexuellen Wunschvorstellungen und benutzen sie als innerseelische Stimulans beim realen, ganz unspektakulären Sex.

16
Sexualität und die Lüge

Arno Plack macht in seinem viel beachteten Buch: *„Ohne Lüge leben"* (1976) die gesellschaftlichen Verhältnisse und unsere Kultur für die weite Verbreitung von Sittenverfall, Unaufrichtigkeit und Verlogenheit in der westlichen Zivilisation verantwortlich. Wenn man über die Lüge des einzelnen Individuums sprechen möchte, muss man auch immer die gesellschaftlichen Rahmenbedingungen im Auge haben, die den Betreffenden umgeben.

Wenn der Unehrliche der Klügere ist, da er Steuern hinterzieht; wenn Politiker ein falsches Ehrenwort abgeben oder ihre Dissertation unter erwiesenem Plagiat-Verdacht stehen; wenn sich Börsenspekulanten mithilfe fremden Geldes schamlos bereichern und damit ganze Volkswirtschaften an den Rand des Abgrunds bringen; wenn Parteien Wahlversprechen machen, die sie nicht halten; wenn dauernd irgendwelche Bestechungsskandale auffliegen; wenn im Leistungssport massenweise gedopt wird, die Täter diesen Umstand aber beharrlich ableugnen und wenn, wo man hinblickt, Korruption herrscht – dann, ja dann ist es nicht verwunderlich, wenn die Moral des einzelnen Individuums davon negativ beeinflusst wird und bis in das ganz persönliche Leben hineinwirkt.

John Gottman, der Pionier der Paarforschung, hat in seinem Liebeslabor (ein Ein-Zimmer-Appartement mit diversen Videokameras) insgesamt 3000 Paare über Tage in ihrem Kommunikationsverhalten beobachtet und als Essenz seiner 40 jahrelangen Forschungsarbeit ein zentrales Prinzip für „gute Beziehungen" herausgefiltert, nämlich: Vertrauen! Sein neuestes Buch (2014): *„Die Vermessung der Liebe"* trägt den Untertitel: „Vertrauen und Betrug in Paarbeziehungen."

Für Gottman ist Vertrauen der mächtigste Wirkfaktor, der über den Bestand oder das Scheitern einer Paarverbindung entscheidet. Vertrauen ist eine Art Gemütsverfassung, die an das Gute im Menschen glaubt. Sie beinhaltet die Zuversicht und hoffnungsvolle Gewissheit, dass mein Partner vertrauenswürdig ist und mich nicht belügen oder betrügen wird. Sie hat den Charakter einer positiven

Zuschreibung an das Liebesobjekt und stellt eine Art von Vorleistung dar. Wenn Vertrauen der wichtigste Kitt und Bestandsgarant für eine gute Beziehung darstellt – wie Gottman herausgefunden hat – dann müsste jede scheiternde Beziehung unter dem Generalverdacht der Unaufrichtigkeit und des gebrochenen Vertrauens stehen.

Die Lüge und ihr Gegenteil: die Wahrhaftigkeit ist in der gegenwärtigen Diskussion in der westlichen Welt in Zeitungen, Zeitschriften und Büchern ein vielbesprochenes Thema. Dabei zeichnen sich drei unterschiedliche Tendenzen ab:
- Lüge als ein lebensfeindliches Übel, das aus der Welt geschafft werden müsste!
- Die kleine Notlüge und das gelegentliche Flunkern gehören zum menschlichen Alltag und sind verzeihliche Sünden; sie gibt es, seitdem es Menschen gibt. Hierher gehören Schönreden, Selbsttäuschung und Schutzbehauptungen, um die eigene Integrität zu schützen.
- Es existiert drittens auch ein Pro-Lüge-Standpunkt:

Es geht gar nicht ohne Lügen.

Wir lügen dauernd und viel häufiger als wir selbst ahnen.

Lügen sind lebensdienlich: das Offenbaren der Wahrheit zerstört und schadet mehr als es nützt. Wir müssen bzw. sollten bestimmte Verfehlungen dem Partner verschweigen. Sich selber zeitlebens bestimmte Illusionen zu machen, dient der eigenen seelischen Stabilität und der Wahrung der Selbstachtung.

Auf dem Ratgeber-Markt kursieren z.B. drei Bücher, deren Titel suggerieren, dass Lügen eine lebensdienliche Funktion hat, dass es erlaubt, in vielen Situationen sogar geboten ist, zu lügen.

Jeremy Campbell: *Die Lust an der Lüge* (2003)
Simone Dietz: *Die Kunst des Lügens* (2003)
Claudia Meyer: *Lob der Lüge – Warum wir ohne sie nicht leben können* (2007)

Claudia Meyer stellt fest: Wir lügen täglich und viel häufiger als wir vermuten. „Keiner soll es tun, alle tun es. Das ist gut so. Lügen sind eine psychologische Notwendigkeit für unser Seelenleben, ein soziales Schmiermittel."

Arthur Schopenhauer, der berühmte deutsche Philosoph, postulierte bereits 1840 ein Recht auf Lüge, um die Gefahr der Bloßstellung der eigenen Person zu entgehen. Der Soziologe Georg Simmel bezeichnete Geheimnisse als eine der „größten Errungenschaften der Menschheit!" (1908). Auch Ursula Nuber (Top secret) gesteht jedem Mensch seine Geheimnisse zu, um die eigenen Gefühle zu schützen, die eigene Autonomie zu wahren und der Kontrolle durch den Partner zu entgehen. In diesem Zusammenhang spricht sie von „Notwehr gegen unbefugte Neugier."

Der Sexualberater Robert Bolz von Pro Familia (München) meint, dass „auf keinem Gebiet mehr gelogen wird als auf dem der Sexualität", besonders dort, wo es um die Beschönigung der eigenen sexuellen Zufriedenheit geht. Der Soziologe Peter Stiegnitz, Begründer der Mentiologie (Lehre von der Lüge) hat ein neues Lügenverständnis angemahnt und die Lüge definiert als „bewusste oder unbewusste Abwendung von der Wirklichkeit." Er unterscheidet die Selbstlüge (sich selbst belügen), die Fremdlüge (andere belügen) und die gesellschaftliche Kollektiv-Lüge. Die größte Lüge sei es, ein Leben ohne Lügen führen zu können.

David Nyberg sieht in der Lüge eine Überlebenshilfe. Die nackte Wahrheit könne oft mehr Schaden anrichten als eine Lüge, die zu ihrer Vertuschung führt. Jeder Mensch habe ein Recht auf die Lüge.

Der Paar-Forscher Karl Lenz betont: „Täuschungen in Zweierbeziehungen sind keineswegs primär ein moralisch verwerfliches, abweichendes Verhalten, sondern sie erweisen sich als ein prosoziales Handeln."

Mir erscheinen die Einstellungen der Lügenforscher zu ihrem Thema als aufschlussreich: Die einen betonen die Existenzberechtigung der Lüge. Sie gehöre seit eh und je zur conditio humana des Menschen, ob es uns nun passe oder nicht. Die andere Gruppe findet die Lüge irgendwie als verwerflich. Sie versucht aber ihr negatives moralisches Gewicht zu relativieren und zu entschuldigen, indem sie eine ganze Reihe von entlastenden Kriterien aufmarschieren lässt:

- Es gibt keine objektive Wahrheit. Jeder Mensch hat seine eigene, ganz private Sicht auf die Welt, die Menschen und seinen Partner. Auch das eigene Selbstbild stellt eine rein subjektive Konstruktion dar.

- Nicht jede Lüge enthält eine vorsätzliche Täuschungsabsicht.
- Nicht jede Lüge hat Vorteilsnahme oder Bereicherung zum Motiv, besitzt also keinen niederen Beweggrund.
- Viele Lügen sind Notlügen und daher verzeihlich.
- Wer kann schon mit Sicherheit entscheiden, was gut und böse ist? Beides ist relativ!
- Es gibt große und kleine, weiße und schwarze Lügen. Nur die giftigen sind wirklich verdammenswert (z.B. wenn ein Partner sein uneheliches Kind verheimlicht).

Nicht nur Wissenschaftler und Paartherapeuten beschäftigt das hier besprochene psychologische Problem. Es sind insbesondere die Medien, allen voran die Illustrierten und Frauenzeitschriften, die sich häufig dieses Themas bemächtigen und das Lügen, Täuschen, Verheimlichen in zweifacher Hinsicht hoffähig machen:

Sie verbreiten vorrangig die Botschaft: „Fast alle Menschen lügen und das ist gar nicht so schlimm!" Und sie machen in ihren Artikeln selber das, was der Soziologe Stiegnitz als „Abwendung von der Wirklichkeit" bezeichnet. Das Lügen als menschliche Verhaltensweise wird als Thema aufgegriffen und behandelt. Gleichzeitig benutzt man es selber als Mittel des Übertreibens und Täuschens, wenn es um die Darstellung der menschlichen Sexualität und deren Überführung ins Sensationelle geht.

Um das kostbarste Gut der Gegenwart, nämlich die Aufmerksamkeit der Leser zu gewinnen, müssen sie den Sensationswert ihrer Berichte möglichst hochschrauben. Das kann erreicht werden, indem man übertreibt, Tabus bricht, die Randbezirke der Sexualität aufgreift und breit ausmalt, die Schamgrenzen überschreitet oder süffisante oder erschütternde Einzelschicksale schildert, die Sexuelles zum Inhalt haben (Sex und Gewalt, Perversionen, Sex-Sucht etc.). Der Zwang der Presse, immer wieder über die menschliche Sexualität schreiben zu müssen – aus verkaufsfördernden Gründen – zwingt die beteiligten Journalisten, immer härtere Sexthemen zu erfinden (Marie Claire: „Schöner kommen"; „Hot-Spot-Vagina") bzw. die menschliche Triebfreudigkeit maßlos zu übertreiben.

Da lese ich: „Liebe killt Schmerzen, macht schön, lässt Stress abblitzen, ist die pure Lust, garantiert Höhepunkte, katapultiert sie auf ein sexuelles Hochplateau, ist ohne Grenzen, Tabus und Verbote, ist mega-geil und super-gesund. Sagt den Frauen: In euch schlummert ein riesiges sexuelles Potenzial, lasst den Tiger los. Und sagt den Männern: Frauen sind genauso geil wie ihr." Da ist von ultimativem Lust-Trip die Rede: von multiplen Orgasmen; von braven Mädchen, die unter der Hand erfahrener Sex-Gurus ganz wild werden; von schnellem Sex auf dem Büro-Schreibtisch; dem Quicky in der Mittagspause; von Tantra-Seminaren, Orgasmus-Kursen und unerhörten Sex-Beichten im Internet; aber auch von tollen selbstbestimmten Frauen, über deren Eigenmacht ihre Liebhaber manchmal sogar erschrecken, weil sie aktiv begehren, ihre sexuelle Begierde unverhohlen und offen an den Auserwählten herantragen. Der Sex platzt aus allen Nähten, ist allgegenwärtig, ein universaler Glücksspender. Altmodisch und bedauernswert nur derjenige, der nicht auf diesen Freudenszug aufspringt.

Das Titelblatt des Spiegels vom 16.05.2015 zeigt eine durch Sex so richtig entspannte und satte junge Frau. Darunter die Überschrift: „Mein Sex! Selbstbewusst, mutig, tabu-los: Forscher vermessen die Lust der Frauen." Die Vorzeigefrau Anna, eine reale Person, von Beruf Schauspielerin, hat so richtig Spaß im Schlafzimmer und fünf- bis sechsmal in der Woche Sex mit ihrem Freund. „Die beiden tun's im Stehen, oral, anal, Doggy Style (so mag sie's am liebsten), im Urlaub auf dem Balkon mit Meeresblick oder ganz klassisch im Bett." (Zitat S.103). Anna sei ihrem Freund treu, bereits sechs Jahre mit ihm zusammen und in gleicher Weise und Häufigkeit sexuell aktiv.

Fragen wir an dieser Stelle nach den Wirkungen derartiger Presseberichte: Werden sie vom Leserpublikum tatsächlich als Übertreibungen, Erfindungen oder als Bilder untypischer Einzelfälle erkannt und mit Schmunzeln oder Ärger beiseitegelegt? Ich glaube nicht! Für Viele hat das, was sie lesen, Leitbildfunktion. Sie glauben, ein Stück Realität mitgeteilt bekommen zu haben und stellen vielleicht erstaunt fest: „Ach so ist das mit dem Sex. So also treiben es die anderen!" Ob sie es wollen oder nicht: Sie vergleichen sich mit den dargestellten Personen und deren sexuellen Aktivitäten. „Was, fünfmal in der Woche und das schon sechs Jahre lang und immer noch mit der gleichen Leidenschaft?" Die – statistisch gesehen – moderat triebfreundliche Frau ist beunruhigt. Der Sexualität wird in den Medien eine überhöhte Wichtigkeit und ein übertrieben hoher

Stellenwert eingeräumt. Es wird so getan, als ob zu jeder gesunden weiblichen Identität eine besonders große Lust auf Sex gehörte (Lass den Tiger raus).

„Sei sexuell häufig aktiv, habe ganz viel Spaß, entfalte dein leidenschaftliches Potenzial!" wird so zum Imperativ und hinterlässt bei einer normal sinnlichen Person ein wackliges Selbstwertgefühl. Sie erlebt sich unter Umständen als sexuelle Minusvariante und empfindet gegenüber ihrer anderen Hälfte Schuldgefühle („Ich müsste ihm/ihr mehr bieten!").

Wenn Männer derartige Lobpreisung unbändiger Sexualität lesen, können sie einen Frustrationsschub erleiden und sich in ihrem Ärger über ihre sexuelle Unzufriedenheit bestätigt fühlen („Wir haben nur zweimal in der Woche Sex. Andere Frauen sind viel geiler als meine!").

Die Allgegenwärtigkeit von Sexualität im öffentlichen Raum und die hohe Wertschätzung von leidenschaftlichem Sex nötigt vielen Menschen eine Betrachtung der eigenen (oft spärlich fließenden) Libido auf. Wenn sie bei diesem Vergleich schlecht abschneiden, müssen sie ihr dadurch gestörtes, seelisches Gleichgewicht durch entsprechende Gegenmaßnahmen wieder in die Balance bringen. Ein Weg dahin heißt: Sich selbst etwas vortäuschen oder sich selbst bzw. den Partner belügen.

Ich möchte jetzt einmal aufzeigen, an welchen Stellen im Intimbereich am häufigsten gelogen wird:

- Frauen täuschen einen Orgasmus vor: um in den Augen ihres Mannes als vollwertige Geschlechtspartnerin da zustehen (Sich selbst zu lieben); um den sexuellen Genuss des Anderen nicht zu schmälern; um das gute Gefühl ihres Partners, eine tolle Liebhaberin zu sein, nicht zu enttäuschen (ihm zuliebe).
- Frauen täuschen sexuelle Lust vor oder Leidenschaft aus Pflichtgefühl, als Liebesdienst oder weil sie nicht als frigide gelten wollen.
- Frauen erfinden falsche Gründe, weshalb sie hier und jetzt keinen Sex wollen. Sie täuschen physische Erschöpfung, Kopfweh, Schmerzen, Sorgen oder ein dringendes Schlafbedürfnis vor, anstatt zu sagen: Ich habe keine Lust!

- Frauen verheimlichen das Nachlassen ihres sexuellen Appetits auf den eigenen Mann nach Ablauf der ersten zwei, drei Jahre ihres Zusammenseins.
- Frauen verschweigen, dass ihnen ihr Mann als Liebhaber wenig bieten kann. Sie finden ihn zu zaghaft und lieb im Bett. Sie sehnen sich nach einem Macho, der sie einfach packt, auf die Matratze wirft und sich nimmt, was er möchte.
- Frauen verschweigen ihre gelegentlichen Ekelgefühle beim Sex, um ihren Partner nicht zu kränken. Sie mögen seinen Schweiß nicht riechen, seine ungepflegten Füße nicht sehen, sein röchelndes Stöhnen nicht hören oder nicht mit seinem Sperma in Berührung kommen.
- Männer trauen sich mit ihren passiven Liebeswünschen nicht heraus, weil sie glauben, sie müssten in der Sexualität immer die männlich-aktive Rolle spielen.
- Männer verschweigen (oder lügen, wenn sie ertappt werden), dass sie heimlich Pornofilme gucken, onanieren; andere Frauen sexuell sehr reizvoll finden, konkrete Fremdgehwünsche haben; zehnmal am Tag an Sex denken; gelegentlich in den Puff gehen; so richtig „versauten" Sex haben möchten, abnorme sexuelle Bedürfnisse verspüren.

Um Konflikte zu vermeiden, erliegen beide Parteien, Männer und Frauen oft einer Selbsttäuschung: Sie schätzen ihre eigene sexuelle Zufriedenheit und des/der Anderen höher ein als sie in Wahrheit ist. Das Gleiche gilt für die Qualität als Liebhaber/in! Eine Lüge im Paarbereich halten viele deshalb für angebracht und verzeihlich, wenn sie eine pro-soziale Funktion hat oder eine solche vom Partner inszeniert wurde.

Nun sind Menschen in einer Paarbeziehung ja nicht per se unmoralisch, weil sie verschweigen, täuschen oder lügen. Sie glauben in der Regel gute Gründe zu haben, weshalb sie es tun. Sie verfolgen mit ihrem unwahren Verhalten in den seltensten Fällen eine böse Absicht. Im Gegenteil: Sie wollen entweder sich selber vor einer Blamage oder peinlichen Situation schützen, ihr Selbstwertgefühl stabil halten oder aber ihren Partner vor einer Enttäuschung bewahren oder gar ihm etwas Gutes tun. Häufig sind es Notlügen. Sie dienen dazu, ein gutes Einvernehmen im Paarbereich aufrecht zu erhalten und besitzen damit eine positive soziale Funktion. Gerade der menschliche Intimbereich bietet eine gute Gelegenheit, die uralte Diskussion: „Soll man einem Partner immer die Wahrheit sagen?" wieder aufzunehmen. Das Thema hat mehrere Facetten: Da ist erstens die moralische Seite der Geschichte und damit verbunden die Frage, wie verwerflich und unmoralisch ist es zu lügen. Da ist zweitens die Statistik, die uns mitteilt, wie hoch der Prozentsatz tatsächlich ausgeführter Lügen in der realen Welt der Paare einzuschätzen ist. Und da existiert drittens die paartherapeutische Überlegung, wie gut und nützlich es sein kann – im Sinne einer positiven Beziehungsqualität – gelegentlich zu flunkern.

Das ethische Problem im Zusammenhang mit Lügen lässt sich allerdings definitv nicht beantworten. Moral ist Ansichtssache und hängt mit dem jeweiligen Wertesystem des betroffenen Individuums und dem Zeitgeist zusammen. Wie ich zur Wahrheit stehe, ist Ausdruck meiner Ideale und meines Gewissens. Außerdem gibt es sittenstrenge gesellschaftliche Epochen und weniger rigorose. Auch das beeinflusst die Haltung des Einzelnen zur Lüge.

Gegenwärtig leben wir in unserer westlichen Zivilisation allerdings in einem sehr liberalen Klima, das so manche Verfehlung duldet, ja, sogar nachsieht und das nach der verstehbaren Motivation eines Individuums, bzw. der Tat, fragt und danach bereit ist, Vieles zu entschuldigen.

Im Rahmen von Paartherapie wird Lügen nicht als moralische Entgleisung des Einen und Verletzung des Anderen begriffen. Es wird vielmehr nach seiner Funktion im Rahmen der Paarbeziehung gefragt, d.h. weshalb der Betreffende zu einer Täuschung Zuflucht nehmen musste? An dieser Stelle ist es wichtig, das jeweilige Motiv für die Lüge aufzuspüren und dem gekränkten Partner verstehbar zu machen. Wenn er Empathie für das beanstandete Verhalten seines Liebesobjekts aufbringen kann, ihm der Grund des Täuschens verstehbar wird und einleuchtet, kann er die Entschuldigung und Reue des Anderen annehmen und damit den Konflikt beenden (vorausgesetzt, es handelte sich nicht um eine große, fundamentale, sehr giftige Lüge).

Es ist an der Zeit, uns mit den Hintergründen für das Lügen, Täuschen, Verheimlichen oder Beschönigen eigenen Verhaltens zu interessieren. Bei genauerem Hinschauen ergeben sich sechs unterschiedliche Motivgruppen:

Erstens: Selbstschutz!

Jemand lügt, um seine eigene Integrität zu schützen. Das Offenbarwerden einer Lüge könnte seine Vertrauenswürdigkeit erschüttern („Wer einmal lügt, dem glaubt man nicht...!"), ihn bloßstellen, seine Ehre zerstören, eine Blamage zur Folge haben. Aus Scham-Angst („Ich verliere an Selbstwert!") und aus Schuld-Angst („Ich bin ein schlechter Mensch!") wird er die Wahrheit verschweigen wollen.

„Männer lügen" – erklären Saarniit und Lewis – „um gut da zu stehen." Der Betreffende kann sich aber auch vor dem Moment der Enthüllung fürchten, dem Augenblick, wenn z.B. seine Frau die Wahrheit erfährt, fassungslos und mit wutverzerrtem Gesicht vor ihm steht und in heller Empörung ihm eine große Szene macht. Der Selbstschutz bezieht sich jedoch nicht nur auf die mögliche innere Demontage des eigenen Selbst, sondern auch auf die möglichen äußeren Konsequenzen, die in Form von Strafen auf den Sünder zukommen können. Ich denke da an Liebesentzug, chronische Verstimmung mit langen Schweigeperioden, körperliche Gewalt, Sex-Streik, Auszugsforderung, bis hin zur Scheidung.

Ein Motiv, vor dem anderen Geheimnisse zu haben und ihn zu täuschen, erwächst aus dem Grund, die Neugier, sprich Zudringlichkeit des Partners zu stoppen. Es gibt Menschen, die von ihrem Liebesobjekt totale Offenheit fordern, alle seine Gedanken und Gefühle wissen möchten, um daran teilzunehmen. Sie versuchen auf sehr invasive Art, in ihn einzudringen und auch in seinen privatesten Winkeln herumzustöbern. Da eine Schranke zu setzen, ist für den Betroffenen überlebensnotwendig, denn es gilt die eigene Autonomie zu wahren, sich gegen unbefugte Neugier zu schützen, der Kontrolle durch den Partner zu entgehen und Träume und sehr private Wünsche für sich zu behalten.

Zweitens: Fremdschutz

Menschen lügen oder vertuschen, um ihren Partner zu schonen. Sie möchten ihm nicht wehtun, ihn nicht enttäuschen oder in sein schmerzhaft-betroffenes Gesicht schauen, wenn er die Wahrheit erfährt. Vielleicht schätzen sie ihr Liebesobjekt auch zu labil, seelisch zu schwach ein, um ihm eine bittere Pille zuzumuten. Sie befürchten seine Tränen, seine Sorgen oder Hilflosigkeit, wenn sie ihm eine eigene Verfehlung gestehen. Aus diesem Grund halten sie mögliche beunruhigende Nachrichten vom Bewusstsein ihres Partners fern und beschönigen die Dinge, um das emotionale Gleichgewicht des Anderen nicht zu gefährden. Sie verschweigen, dass die Geschäfte schlecht laufen, sie sich mit gesundheitlichen Problemen herumschlagen, sie einen kleinen Autounfall und Streit mit dem Nachbarn hatten und eine alte Freundin aus der Schulzeit getroffen haben und mit ihr ein nettes Gespräch in einem Café stattfand.

Die hier gemeinten Personen gehören oft der Typen-Klasse „altruistischer Mensch" an. Sie sind mit ihren Gedanken und der Richtung ihrer Aufmerksamkeit mehr im Kopf ihres Gegenübers als im eigenen und sehr auf dessen Wohlbefinden eingestellt und bedacht. Nach Saarnit und Lewis „lügen Frauen, um dem Partner keinen Kummer zu bereiten."

Drittens: heimliche Rache-Akte

Vergeltungswünsche treten oftmals dann auf, wenn sich eine Person aus dem Paargespann ungerecht behandelt, kaum noch wahrgenommen oder erotisch vernachlässigt fühlt; wenn sie über vorenthaltene Liebe klagt oder eine Asymmetrie der Lebens-Chancen besteht. Um ein Beispiel aus dem sexuellen Bereich aufzuführen: Jemand geht dann fremd, wenn er sexuellen Hunger leidet. Er tut es dann mit der Begründung: „Das hat Sie/Er nun davon (Wut)! Warum ist Sie/Er auch so gemein zu mir!"

Das eigene Zu-kurz-kommen in der Beziehung (unerfüllte, berechtigte Wünsche) gibt die Berechtigungsbasis ab, um heimlich aus der Verbindung auszubrechen und sich anderweitig zu entschädigen. Die Person muss dann automatisch lügen, um ihr Verhalten entsprechend zu verschleiern.

„Ich hatte eine Sitzung bis spät in die Nacht", heißt es dann. „Ich war bei einer Freundin, bei meinem wöchentlichen Yoga-Kurs", usw.

Auf keinem Gebiet wird notgedrungener Maßen so viel gelogen wie während solcher Untreue-Episoden. Die Akteure möchten ihr Bedürfnis-Defizit mithilfe einer heimlichen Liebschaft ausgleichen, aber auch gleichzeitig in ihrer alten Beziehung bleiben. Das zwingt sie oft zu akrobatischen Lügenkünsten.

Viertens: Vorteilnahme

In manchen Beziehungen ist die Balance vom Geben und Zurückbekommen gestört. Der eine profitiert von der Paargemeinschaft wesentlich mehr als der Andere und möchte sich dieses Privileg auch erhalten. Wenn es um Geld (und Käufe für sich selbst), Zeit für sich oder die Menge der häuslichen Pflichten geht, verstehen es manche, sich Vorteile zu verschaffen, indem sie ihre eigene Inanspruchnahme durch den Beruf, die Haus- und Gartenarbeit, die Kinder, den Haushalt übertreiben oder Tätigkeiten erfinden, denen sie unbedingt nachkommen müssen (z.B. Fortbildung). Auf diese Weise schaffen sie sich Freiräume für ihre eigenen Hobbys oder für andere genussvolle Aktivitäten.

Also egoistische Motive und deren Verteidigung können hinter Lügen, Täuschen und Verheimlichen gefunden werden. Der Heiratsschwindler, der seinem Opfer die große Liebe vorspielt, handelt z.B. auch aus rein selbstsüchtigen Beweggründen. Für ihn stellt Lügen das wichtigste Instrumentarium dar, sein Ziel zu erreichen, nämlich an das Geld seiner Auserwählten zu kommen.

Fünftens: Mangelnde Courage zur Wahrheit

Manchmal gehört eine Portion Mut dazu, sich zu eigenen Fehlern oder Fehltritten gegenüber dem Partner zu bekennen, eine andere Meinung zu vertreten oder zu widersprechen. Es gibt aggressiv gehemmte Menschen, die diese Courage nicht aufbringen. Sie kriegen den Mund nicht auf. Ein inneres Stopp-Schild hemmt sie, eine entsprechende Äußerung zu machen. Sie bewerten das Risiko einer Selbstoffenbarung und stufen es zu hoch ein. Häufig überschätzen sie auch das Gewicht ihres Vergehens und fühlen sich dessentwegen unangemessen schuldig. Auch dieses übertriebene Schuldbewusstsein bremst ihre Aussagefreudigkeit. Überhaupt haben sie den Eindruck, nicht so sein zu dürfen, wie sie sind, sondern so sein zu müssen, wie es ihr Partner von ihnen erwartet. Aus diesem Grund verschließen sie ihr Inneres vor den Blicken des Anderen und täuschen die Rolle des Braven, Lieben und Angepassten vor. Sie verhalten sich übertrieben rücksichtsvoll, scheuen Streit und Konflikte und wagen es manchmal nicht, eine eigene Meinung zu äußern. Ich erinnere mich an einen Patienten, der einen Kinofilm „wunderbar" fand, weil seine Partnerin ihn lobte, obwohl er ihn in Wahrheit selber ablehnte. Menschen dieses Zuschnitts verstricken sich gelegentlich in abenteuerliche Lügengespinste, weil sie in einem ersten Anlauf nicht die Wahrheit sagen und dann gezwungen sind, alle daraus folgenden Schritte ebenfalls mit Falschaussagen zu bedenken.

Sechstens: Lügen ohne vorsätzliche Täuschungsabsicht

Individuen erleben ihre Umwelt und ihre Mitmenschen nicht so, wie sie objektiv sind, sondern immer auch durch die Brille ihres Gewordenseins – ausgenommen unbestreitbare Fakten (z.B. unsere Tochter ist am 7.11. geboren), d.h.: durch das Medium ihrer erlernten Haltungen. Wer als Jugendlicher im Hitlerreich beigebracht bekommen hat, Juden seien keine Menschen, der war später in der Lage, sie wie Tiere zu behandeln, ohne sich dabei moralisch schlecht zu fühlen. Wer Frauen als Personen zweiter Klasse erlebt – wie z.B. in Indien – fühlt sich berechtigt, sie zu belügen, zu schlagen oder ihre Rechte zu missachten. Wer generell misstrauisch ist und glaubt, dass „der Mensch dem Menschen ein Wolf ist" (homo homini lupus) wird sich in seinen wahren Beweggründen nicht offenbaren. Er wird recht leicht auf Verschwörungstheorien hereinfallen und deren Gedankengut mit voller Überzeugung zu eigen machen.

Wir sehen an diesen Beispielen wie der Charakter einer Person mitbestimmt, was für sie selber wahr, bzw. unwahr ist. Im Verhältnis der Geschlechter zueinander ist es daher von Bedeutung, welche falschen Glaubens-Gewissheiten eine Person in Bezug auf Frauen/Männer vertritt. Verkehrte Zuschreibungen an die Adresse des anderen Geschlechts sind nichts anderes als Lügen, ohne dass ihr Urheber sie als Unwahrheiten erkennt (z.B.: Wenn Frauen „Nein" zum Liebemachen sagen, meinen sie in Wirklichkeit „Ja!" Sie wollen einfach nur mit sanfter Gewalt genommen werden). Natürlich bestimmt auch die Art und Weise des Umgangs mit der Wahrheit im familiären Raum, welche Einstellung das heranwachsende Kind zum Lügen erwirbt. Es gibt die strenge Erziehung, die bereits jedes kindliche Flunkern rigoros bestraft und es gibt die laxe Handhabe, auf kindliches Lügen zu reagieren. Wenn sich aber die Eltern und Geschwister des Öfteren der Unwahrheit bedienen, Tatsachen verdrehen oder Geschehnisse im Nachhinein in ihrem Wahrheitsgehalt verändern, dann werden auch Sohn oder Tochter relativ ungeniert Märchen erfinden und ohne Not lügen, dabei aber kein Schuldempfinden haben, bzw. sich ihrer falschen Aussage gar nicht recht bewusst sein.

Berichte in den Medien, vorzugsweise psychologische Artikel in Illustrierten und Frauenzeitschriften, tragen ebenfalls zur Relativierung des Gebotes: „Du sollst nicht lügen!" bei, wenn die sozial nützliche Funktion des Lügens im Verkehr der Menschen miteinander herausgestellt wird.

In diesem Zusammenhang sollen auch die sogenannten Gefühlslügen erwähnt werden. Gefühle sind ja rein subjektive Gegebenheiten und mithilfe keiner Prüfmethode auf ihren Wahrheitsgehalt hin kontrollierbar. Jemand kann sich in Bezug auf ein eigenes Gefühl täuschen und z.B. meinen, seinen Partner zu lieben, obwohl er ihn lediglich braucht wie ein unreifes Kind die versorgende Mutter. Es gibt keine eingebaute innere Messlatte, mit deren Hilfe er die Qualität, Intensität und Tiefe seiner Emotion bestimmen, bzw. mit anderen Menschen abgleichen kann. Er glaubt an die Existenz von Liebe bei sich, erklärt sie auch seinem Partner und täuscht mit diesem Akt gleich zwei Menschen: den Anderen und sich selbst. Auch hierbei handelt es sich nicht um eine vorsätzliche Irreführung. (Es gibt allerdings doch die Möglichkeit, den Stärkegrad und die existenzielle Tiefe einer Liebe zu bestimmen. Sie liegt jenseits aller gesprochenen Worte und Beteuerungen. Sie wird gemessen an der Größe des Opfers, das eine Person bereit ist, für sein Liebesobjekt zu erbringen.)

Aber nicht nur Gefühle entziehen sich dem prüfenden Zugriff von außen. Auch Gedanken, Phantasien, Absichten, Wünsche und Bedürfnisse haben eine rein subjektive Existenz und sind für den Anderen nicht sichtbar. Der Träger dieser seelischen Zustände kann sie verleugnen, verschweigen, umfälschen und das Gegenteil dessen behaupten, was in ihm vorgeht. Hier sind der Lüge keine Grenzen gesetzt.

Wenn ein Pärchen in einem Streit über ein zurückliegendes Ereignis gerät, wird oft ihre unterschiedliche Wahrnehmung und die schlechte Qualität ihrer Erinnerungsfähigkeit deutlich. Jeder sieht und beurteilt das damalige Geschehen anders. Auch was er/sie selbst in der betreffenden Situation geäußert hat, wird Gegenstand der Auseinandersetzung. „Was, das soll ich gesagt haben!?" empört sich der Eine. „Niemals! Im Gegenteil, du hast doch immer wieder das Thema in diese Richtung gelenkt und behauptet...!" So geht es hin und her. Auf eine Beschuldigung folgt die Gegenbeschuldigung. Jeder von beiden ist von der Richtigkeit seiner Sicht überzeugt und wirft dem Anderen „Verdrehung der Tatsachen" vor. Nichtvorsätzliches Lügen kann also immer auch auf eine Erinnerungstäuschung zurückgehen.

Lügen gilt in der Charakterforschung nicht als ein stabiles Persönlichkeitsmerkmal in dem Sinne, dass es chronische Lügner auf der einen Seite und Wahrheitsfanatiker auf der anderen Seite der Skala gibt, und beide Typen sich immer gleich verhalten. Lügen ist auch immer situationsabhängig. Jeder Mensch kann in die Versuchung geraten, zu lügen, wenn ihm ein Vorteil winkt und gleichzeitig die Gefahr, entdeckt zu werden, gegen Null tendiert. Oft lügen Menschen, um erwartetem Ärger aus dem Weg zu gehen. Insofern spielt auch das vorausgeahnte Reaktionsverhalten des Partners im Lügengeschehen eine Rolle. Wenn das Liebesobjekt gewohnheitsmäßig eher verständlich, nachsichtig oder augenzwinkernd auf mein Geständnis reagiert, werde ich ihm auch das nächste Mal reinen Wein einschenken. Antwortet der Partner aber mit Terror oder Tränen auf meine Offenbarung, werde ich versuchen, solchen, für mich peinlichen Situationen, künftig aus dem Weg zu gehen. Bestrafte Ehrlichkeit verführt zu erneutem Lügen.

Interessanterweise besteht zwischen Lügenhäufigkeit und hoher Intelligenz ein positiver Zusammenhang. Je klüger ein Mensch ist, desto bessere Argumente und Ausreden hat er parat, um die Wahrheit zu verschleiern (Robert Trivers, 2013). Heiratsschwindler besitzen neben einem defekten Gemüt in der Regel eine hochdifferenzierte Intelligenz.

Was die Neurobiologen und Gehirnforscher berichten, verdient an dieser Stelle erwähnt zu werden: Lügen bedeutet Stress! Über längere Zeit ein Lügengebäude aufrecht zu erhalten und damit gleichzeitig in zwei Welten zu leben, fordert eine doppelte Buchführung und dem Gehirn eine sehr komplexe und anstrengende Tätigkeit ab und bedeutet sehr viel Stress. Man zahlt eben auch einen sehr hohen Preis für diese Art der Lebensbewältigung.

Auch bei unserem Thema „Liebe, Sexualität und Lüge" begegnen wir also einem Paradoxon und der von mir immer wieder betonten Verrücktheit in Liebesdingen und im Sex. Wenn Erich Fromm in seinem berühmten Buch: *„Die Kunst des Liebens"*, das „Erkennen der wahren Wesensart des Partners" als letztes und höchstes Ziel von Liebe begreift und definiert, dann wären Lügen im Intimbereich das schlimmste Gift für jede Art von Paarbeziehung, Gegensätze, die sich wie Feuer und Wasser zueinander verhalten. Gott sei Dank wissen wir inzwischen, dass jedes auf die Spitze getriebenes Ideal – in unserem Falle totale Wahrhaftigkeit – den Menschen überfordert, destruktive Kräfte entfaltet und nicht erstrebenswert ist (siehe Leon Wurmser). Der von Fromm intendierte Mensch ist ein völlig idealisiertes Wesen, das in der Realität nicht existiert.

Psychologische Erfahrung weiß inzwischen, dass es nicht immer gut und angebracht ist, die nackte Wahrheit zu offenbaren, will man den Bestand einer Paarverbindung erhalten. Hier gibt es Parallelen zur ärztlichen Auskunftspflicht. Nicht jeder sehr kranke Patient möchte erfahren, dass er bald sterben muss. Die Gewissheit vom nahen Tod kann sogar das Sterben ungewollt beschleunigen und seine letzten Erdentage vergiften. Genauso gibt es Wahrheiten aus dem Mund des Partners, die für den anderen unverdaubar sind. Nicht jeder kann einen Vertrauensbruch, fehlende Loyalität, eine Lebenslüge oder einen Liebesverrat jemals verzeihen. Die Kränkung sitzt zu tief und verletzt die Selbstachtung des Geschädigten in einem unüberwindbaren Maße, so dass es zu einem Bruch kommen muss.

Und wieder einmal tut sich vor uns eine paradoxe Situation auf:

Im menschlichen Zusammenleben müssen wir Ehrlichkeit auch weiterhin als Leitlinie und als gültigen Wert postulieren und hochhalten. Gleichzeitig müssen wir eingestehen, dass wir diesem Ideal nicht immer entsprechen können. Ja, dass es manchmal sogar schädlich, weil zerstörend ist, ihm nachzukommen. Sowohl die Wahrheitsapostel als auch diejenigen, die das Lügen in der heutigen Zeit für gesellschaftsfähig und für erlaubt halten, haben Unrecht. Wir Menschen sind dazu verdammt, uns in einer Grauzone zwischen den Extremen zu bewegen; mit Pendelausschlägen mal in die eine, mal in die andere Richtung. Wir dürfen das Gebot, ehrlich zu sein, nicht aufgeben, wohlwissend es oft nicht einhalten zu können.

17
Schlussbemerkung

Wie bereits in der Einleitung angekündigt: Dieses Buch will kein ausdrücklicher Ratgeber in Sachen Sexualität sein. Aber trotzdem verfolgt es eine Absicht. Es möchte die Selbsterkenntnis des Lesers mehren, indem es u.a. falsche Vorstellungen über die menschliche Sexualität aufzeigt; die Schädlichkeit eines zu hohen sexuellen Anspruchsniveaus darstellt; auf die unverschuldete Nicht-Passung eines Paares hinweist und die unterschiedlichen Sex-Bedürfnisse von Mann und Frau vor Augen führt.

Die Tatsache, dass es eine angeborene sexuelle Triebstärke gibt, die Fähigkeit zum Orgasmus in den Genen liegt; dass ein Drittel aller Männer und 50% aller Frauen gelegentlich sexuelle Probleme haben, kann den sexuellen Kummer eines Menschen beruhigen und ein großer Trost sein.

Angesichts des Variantenreichtums und der Komplexität von Sexualität, ihrer hohen Störanfälligkeit und individuellen Einmaligkeit sollten wir ihren Verwerfungen und traurigen Kapriolen mit Humor begegnen und lieber zehnmal über sie schmunzeln als einmal weinen.

Sie müssen keine Schuldgefühle empfinden, wenn ihr Partner sich über sie beschwert. Sagen Sie ihm offen, wie sie sexuell ticken und bemühen sie sich zu zweit, einen Kompromiss zu finden. Sowas wie Normalität gibt es nicht im sexuellen Bereich. Jeder sollte vielmehr herausfinden, was, wie und wie oft er Sex möchte und den Mut finden, hier selbstbestimmt aufzutreten. Auch die Vorstellung, wir passen einfach nicht zueinander, kann entlastend sein.

Und glauben Sie nicht an den sensationell aufgebauschten Rummel und die Paradiesvorstellungen, die Presse, Film und Fernsehen über den Sex verbreiten. Da werden Wunschvorstellungen inszeniert, aber nicht die Realität gezeigt.

Ich habe den Menschen streckenweise als ein von fremden Kräften (Vererbung, Sozialisation, Kultur) bestimmtes Wesen dargestellt, das seine eigene Persönlichkeitsstruktur, d.h. seine Art zu fühlen, zu denken, zu wollen und zu handeln nicht selber zu verantworten hat.

Trotzdem scheint Licht am Ende des Tunnels. Es gibt eine Schneise der Freiheit, die es uns erlaubt, über den eigenen Schatten zu springen und aktiv etwas zu verändern:
- Nehmen Sie ihre sexuellen Probleme nicht resigniert als gegeben hin!
- Entwickeln Sie Neugierde und informieren Sie sich, wie andere Menschen mit ihren Nöten umgehen, bzw. damit fertig werden!
- Erkennen Sie Ihren eigenen Anteil am Scheitern und steigen Sie aus der Opferrolle aus! Aber denken Sie auch nicht umgekehrt, dass nur Sie an Ihrer sexuellen Partnermisere Schuld tragen. Dazu gehören nämlich immer zwei.
- Fragen Sie sich selbst wie stark ihr Leidensdruck und der daraus entspringende Änderungswille sind. Sind Sie bereit, sich anzustrengen und Ihr Problem wirklich anzugehen? Wenn ja, dann sprechen Sie ausführlich mit Ihrem Partner, suchen Sie sich Unterstützung in einer Paartherapie oder Sexualberatung. Manchmal wird es auch notwendig sein, Einzelhilfe in einer Psychotherapie in Anspruch zu nehmen, um neurotischen Ballast aus der Kindheit abzuwerfen oder eine lebensabträgliche Falschprogrammierung zu löschen.

Zum Schluss möchte ich dem Leser noch eine sehr wichtige Erfahrung mitteilen, die ich im Laufe meiner fast 50jährigen Praxis als Psychotherapeut gemacht habe:

Auch die sexuellen Partnerprobleme lassen sich am effektivsten lösen oder beruhigen, wenn beide, Mann und Frau, es fertig bringen, zum Thema Paarbeziehung eine bestimmte Einstellung zu gewinnen.

Die hier gemeinte Haltung besteht in einer besonders hohen Wertschätzung von emotionaler Bezogenheit, Intimität und In-Beziehung-sein. Liebe in ihrer unaufgeregten Form trägt wesentlich zum Wohlbefinden, zur Gesundheit und Zufriedenheit und auch nur Stabilisierung der eigenen seelischen Verfassung bei und kann als teures Gut nicht hoch genug eingeschätzt werden. Wenn es gelingt, der eigenen Beziehung vor allen anderen Sinnstiftern im Leben einen bevorzugten Rang einzuräumen, verlieren auf diesem Hintergrund viele andere Probleme an Gewicht. Deshalb sollte man sich bei jedem Ärger oder jeder Enttäuschung fragen, ob der Grund des Streits eine Verschlechterung der Paarverbindung lohnt?

Oft höre ich aus dem Mund älterer Menschen, dass sie die Glücksquelle „gute Beziehung" bisher nur ungenügend ausgeschöpft haben und es doch so gerne getan hätten.

Warten Sie selbst nicht zu lange damit und lachen Sie zusammen mit Ihrem Partner über die alltäglichen Unzulänglichkeiten des Zusammenlebens.

Literaturverzeichnis

L. Benuto > L. Benuto, M. Meana: Acculturation and sexuality: Investigating gender differences in erotic plasticity, Journal of Sex Research, Volume 45, Issue 3, 2008, 217-224
M.L. Clivers > M. L. Chivers, J.M. Bailey: A sex difference in features that elicit genital response. Biological Psychology, Bd. 70/2, 2005, 115-120
Jeremy Campbell (2003): Die Lust an der Lüge
L.M. Diamond > L. M. Diamond: Sexual Fluidity: Understanding women's love and desire. Harvard University Press, Cambridge 2008
Simone Dietz (2003): Die Kunst des Lügens
Richard Ebstein (2006): Molecular Psychiatry
Alain Ehrenberg (2008): Das erschöpfte Selbst
Helen Fisher (2005): Warum wir lieben: Die Chemie der Leidenschaft
John Gottman (2014): Die Vermessung der Liebe
Uwe Hartmann (2006): Therapie sexueller Störungen Psychotherapeuten-Journal 2006/4
Eva Illouz (2012): Warum Liebe weh tut
Eva Jaeggi (1990): Interview in Health and Social Life Survey
E. L. James (2011): Fifty Shades of Grey
Dietrich Klusmann (2002): Archives of Sexual Behaviar, Vol. 31/3
Alfred C. Kinsey (1953): Das sexuelle Verhalten der Frau; (1948): Das sexuelle Verhalten des Mannes
Steffan Klein (2003): Die Glücksformel
Claudia Meyer (2007): Lob der Lüge – Warum wir ohne sie nicht leben können
Ursula Nuber (2006): Top secret – Psychologie Heute März 2006
Sandra Pertot (2006): When Your Sex Drives Don't Match – Journal of the American Medical Association
Arno Plack (1976): Ohne Lüge leben
Richard David Precht (2009): Liebe
Volker Sigusch, Herausgeber (1997): Sexuelle Störungen und ihre Behandlung

Volker Sigusch (2000): Strukturwandel der Sexualität in den letzten Jahrzehnten.
Eine Übersicht. Fortschritte der Neurologie und Psychiatrie, Bd.68
Volker Sigusch (1998): Die sexuelle Revolution
Dietmar Stiemerling:
Gestörte Zweierbeziehung (1986)
10 Wege aus der Depression (1995)
Was die Liebe scheitern lässt (2000)
Sehnsuchtsprogramm Liebe (2002)
Wenn Paare sich nicht trennen können (2006)
Trennungskatastrophen (2017)
Oh, diese verrückte Liebe (2018)

Gunter Schmidt (1998): Familiendynamik 23. Jahrgang, Heft 4
Gunter Schmidt Et al. (2006): Spätmoderne Beziehungswelten
Gunter Schmidt (2002): Sexualität und Spätmoderne
D.P. Schmidt & D.M. Buss (1993): Theorie der sexuellen Strategien
David Schmidt (2003): Megastudie über Treue-Untreue –
Journal of Personality on Social Psychology 7/2003
David Schnarch (2006): Die Psychologie sexueller Leidenschaft
Helen Singer Kaplan (1981): Hemmungen der Lust
Spiegel Artikel (16.05.2015): Mein Sex
Peter Stiegnitz (1997): Die Lüge, das Salz des Lebens
Moritz Schulte (17.02.2015): Tagesspiegel-Artikel
Robert Trivers (2013): Betrug und Selbstbetrug
Christine Weinbauer (2012): Wenn Arbeit Liebe ersetzt

Vorliegende Ausführungen sind in Schreibeinheit mit meinem Buch *„Oh, die verrückte Liebe"* (Amazon 2018) entstanden und benutzen auch die dort aufgeführten wissenschaftlichen Werke, nämlich.